知多市役所付近にある尾張万歳モニュメント

小沢昭一氏と「朝日賞」受賞会場を回る北川正己（右・2005 年）

尾張万歳家元　五代目長福太夫　北川幸太郎（本名　正己）

最後の万歳師

尾張万歳家元　五代目長福太夫

北川幸太郎

日川好平【著】

風媒社

魚屋「魚幸」にて。左は妻美智子

尾張万歳発祥の地・長母寺（名古屋市東区）

三曲万歳　若手に演技指導する北川正己（中央）

三曲万歳公演直前の保存会会員たち（2010 年）

最後の万歳師

――尾張万歳家元　五代目長福太夫　北川幸太郎――

目次

―魚屋 魚幸《うおこう》にて―

北川幸太郎こと北川正己

――昔は万歳《まんざい》がよほど盛んだったそうですね。

私自身は万歳の全盛期は知りません。かつては冬の農家の副業として、知多近辺の人々が正月前後に「門付《かどづけ》の旅」に出ていて、収入を得ていました。

簡単に言えば、農閑期《のうかんき》の出稼ぎだったんです。一カ月旅に出れば、一家が四カ月生活できる。「万歳やらんと食っていけんぞ」と、親から子へ伝えました。京浜地方では、越後獅子などとともに、尾張万歳は正月の風物詩だったそうです。

昭和三〇年代後半から海の埋め立てが始まり、この辺り（愛知県知多市八幡《やわた》）もすっかり様変わりしました。今では、すぐそこに港があったなんて信じられません。また、工事現場で働けば簡単に現金収入が入るようになります。当然、万歳に出る人はいなくなり、急に衰えました。

折、四代目長福太夫《ちょうふくだゆう》であった父が急逝。周りが「あんたが継ぐしかないよ」と言ってくる。一座に加わっていたものの、いやでいやでしょうがなかったけれど、やるしかないと決心しました。そうなったら、知っている万歳の演目が数本しかありません。あわてて、父親の仲間の家に押しかけて、教えを請う毎日が続きました。

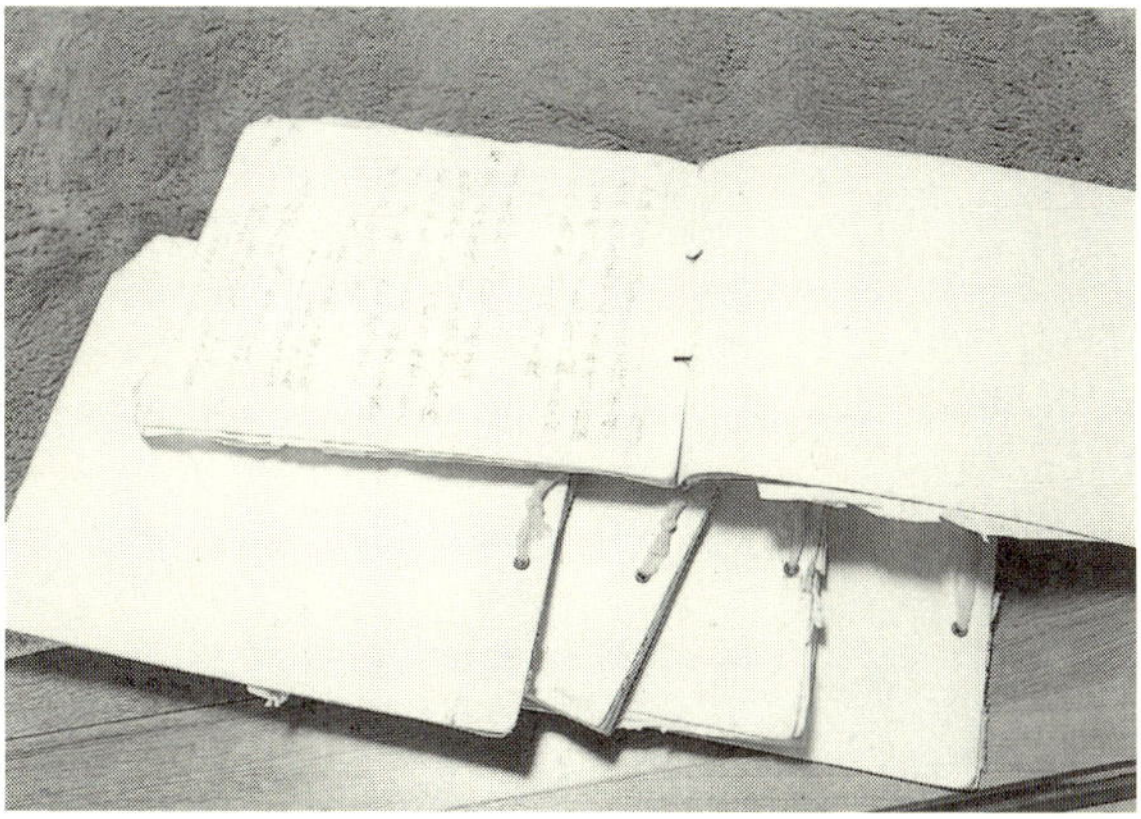

書き残された５冊のノート

――万歳を守らなければなりませんね。

当時は高度経済成長期で、万歳も門付に出るよりも、ホテルや料亭などで披露することが多くなっていました。神社やお寺でもやりました。夢中で公演をこなしているうちに思ったのです。ここ知多八幡は万歳のふるさと。自分が投げ出すわけにはいかない。古い、新しいではないんだ。そう気づくと、もっとこの伝承文化を大切にすべきだという考えが強くなってきました。

最近、父が生前書き残した五冊のノートを読み始めました。日本全国の万歳の歴史がすべてわかります。父が病に倒れる一、二年前から書き綴っていたのは知っていました。それを今、読みくだし、改めてすばらしい芸能だと再確認しました。

実は尾張万歳には、門付や御殿《ごてん》万歳の他に、芝居仕立ての三曲《さんきょく》万歳というのがあって、あちこちの芝居小屋で長時間にわたり演じていました。この三曲万歳を自分はもう捨てていたんです。「そんなすごい文化が消え去ってはいけない」と文化庁から指摘を受け、今年（平成二一年）の六月二七日に京都芸術劇場で、三〇年ぶりに再演しました。四〇分の大作でしたが何とかやり遂げて、今は一安心しています。

ところがよく考えてみたら、地元知多市では、もう五〇年も三曲万歳が演じられていません。何とか上演する機会はないかと、今思案しているところです。

――後継者は育っていますか。

現在も、全国で定期的に公演をしています。大学に招かれて演じることもあります。めでたい内容なので、会社の設立記念日やお寺の落慶法要《らっけいほうよう》に呼ばれることも多いです。しかし、尾張万歳を演じることのできる人は、昭和五〇年頃には百人以上いたのが、現在は実質一一名になってしまいました。そのため、若い世代に伝えようと、近くの公民館で講習会を持っています。やってくる子はみな熱心です。

ただ、万歳は一回の練習である程度できるというものではありません。二年ほど基本を学んで、やっと一つの形ができます。それでも、ほとんどの子は目を輝かせて取り組み、数本演じられるようになりました。しかし、どの子も何年も長続きしない。また、覚えても発表する場も少ない。それが悩みの種です。何なら子どもを連れて学校でも公演にいきますよ。それよりも、地元の小中学校で、万歳のクラブでも作ってくれるといいのですが。元気なうちに教えにいきます（笑）。

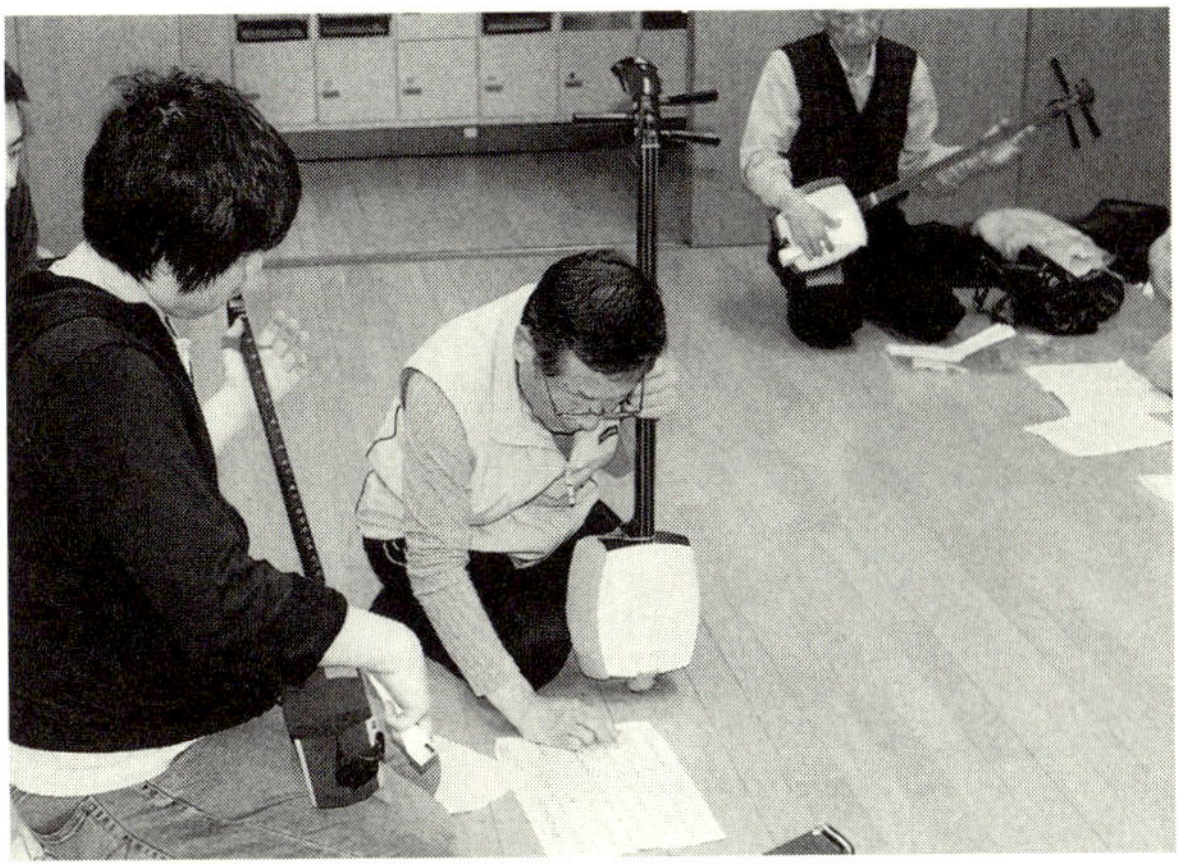

楽器を伝授する

NHK「私の秘密」で御殿万歳を演じる父正一。右は高橋圭三アナ
（昭和 30 年代初め）

三曲万歳、三〇年ぶりの上演

万歳発祥の地　長母寺（名古屋市東区）

平成二一年（二〇〇九）六月二七日、土曜日。

京都市内にある京都造形芸術大学内の芸術劇場「春秋座」で、不思議な催し物が行われた。催し物の題名は、『三つの芸能で楽しむ〈お軽・勘平〉』。

仮名手本忠臣蔵三段目に登場する美男美女、お軽・勘平の道行きを、違った三つの芸能で演じるという試みである。

「お軽勘平」を演じる

三つとは、義太夫《ぎだゆう》節、歌舞伎舞踊、そして万歳。

義太夫と歌舞伎は耳になじみがある。演じるについて、何となく輪郭は想像できる。さて万歳で「お軽・勘平」とはいったい…。

少し長くなるが、当日配布のパンフレットを引用してみよう。

『…原作は人形芝居で、純情可憐な恋に生きるお軽と勘平が人目を忍んで落ちてゆく場面を、義太夫節で語り聞かせます。歌舞伎はそれを「道行《みちゆき》」仕立てに舞踊劇化。「万歳」は芝居仕立ての「三曲万歳」により、見事に〈お軽・勘平〉の世界を描き出します。（中略）特に意義深いのは「万歳」。今回上演する「足利館裏門《あしかがやかたうらもん》」は、尾張万歳が伝承してきた「三曲万歳」の貴重な演目で、「三曲万歳」自体、三〇年ぶりの上演となります…』

読みあげただけでいくつか疑問が湧く。まず「万歳」とは何か。「漫才」とは違うのか。三曲万歳という言葉も、もちろん耳にした記憶がない。さらに、三〇年ぶりの上演とは何事か。

三曲万歳、三〇年ぶりの上演

さて当日。会場は、静かな熱気に包まれていた。玄人《くろうと》受けする企画ということで、客の入りは、芸能マニアを中心に半分を少し超えたくらいか。

初めに義太夫節、続いて歌舞伎舞踊と続いた。時間はそれぞれ約一時間。物静かな芸能ということもあり、観衆の積極的な反応は感じとれない。椅子にもたれたまま、うとうとしている人も目につく。

さて万歳の番が来た。幕が上がる。舞台右手に三人。三味線が北川幸一、胡弓が鰐部敬《わにべたかし》、鼓を持つのが大橋力《つとむ》。合わせて「地方《じかた》」と言う。芝居に合わせての三つの楽器を使ったにぎやかな音曲。これが、三曲万歳の語源となっている。朗々と詠じる。

続いて拍子木を打ち鳴らす男の口上がある。彼こそが、本著の主人公北川幸太郎（本名北川正己《まさみ》）である。見事な高音が劇場全体に響く。

突然、早野勘平（演じるは高橋勇雄）が中央に走り出る。万歳が始まる。といっても、見かけは普通の歌舞伎と変わらない。早野勘平と、遅れて出てきたお軽（月東和雄《がっとう》）の掛け合い。

障《さわ》りを少し紹介しよう。

（音曲）伺《うかが》いまするは　外題《げだい》の品は　仮名手本忠臣蔵三段目　俄《にわか》に館も騒ぎ出す　刀もぎとり介抱す　早野勘平は　うろうろと　御裏御門を　アノ　呼ばわれば…

勘平　あいや　塩谷判官《はんがん》の家来　早野勘平　主人の安否心許《こころもと》なし　ささ　ここ開けた開けた

（音曲）トマー　早う早うと呼ばわれば　門の中より声高く「あいや　ここは裏門　ご用あったら　表へ回れ」

勘平　なるほど裏門合点　表御門は家中の面々　早馬にて寄付かれず　してしてけんかの様子　なな何と門の中　けんかの様子は相済んだ…

（お軽登場。勘平とお軽のやりとり。切りのいいところで、音曲が必ず入る）

ここで歌舞伎と違いが出た。途中に、お軽も舞台に備えてあった鼓を拾って、敲《たた》きながら謡いそして踊る。観客が不思議な目で見つめる。

三曲万歳、三〇年ぶりの上演

伴内討ち取られる

花道を入場

お軽、鼓を床に置き、今度は真顔で勘平と向かい合う。再びやりとり。やがて、手を取り合って上手に消える。

そこへ、花道から鷺坂伴内《さぎさかばんない》（演じるは藤本知優）が入場。三人の家来（北川勝久、高橋重雄、竹内力《ちから》）が続く。花道脇の客が、楽しそうに見上げる。

伴内と家来の少しオーバーな会話。見ている限りまさしく歌舞伎だ。しかし、よく聞き取れば、内容が微妙に違う。駄洒落や下ネタがところどころに混じる。

四人はやがて中央へ。改めて観客を眺めれば、滑稽《こっけい》な会話に、笑っていいのかどうか躊躇《ちゅうちょ》している。まだ、この三曲万歳という芸能が、しっかりつかめていない。

さて、伴内主従とお軽、勘平が出会う。少し的外れのやりとりが続き、歌舞伎仕立てのやっとうがある。このあたりから、観客が遠慮なく笑い始めた。

やがて伴内が討ち取られた。と思えば腹に刺さったのは鞘《さや》であった。無事を確認した伴内主従が、家来の作った馬に乗って退場する。

音曲万歳での掛け合い

拍手。

飲み込めた。簡単に言うと、歌舞伎のパロディなのである。

終わりかと思えば、中央に四人出てくる。右に三味線の北川幸一、そして大橋、反対側は胡弓を弾く鰐部。真ん中は、拍子木から鼓に持ち替えた北川正己。舞台の中央に進む。

今度は何が始まるのか。

見渡せば、客席は完全に舞台に引き込まれている。眠そうな観客などどこにもいない。初め控えめだったが、劇の途中から大きなどよめきが漏れ聞こえる。会場の雰囲気は、見事に一変した。

尾張万歳独特の音曲万歳、「謎掛け」が始まる。万歳師四人の掛け合いである。

一人が「…と掛けて何と解く」、もう一人が「難しいからあんたに返しましょう」。言い出した方が「そんならもらいましょう。…と掛けて…と解く」。「それはまた変わった物と解きましたな」。言われた方が合いの手を入れる。間を置いてもう一人が「解いた心は…」。

応えて、「どちらも…でございます」。一つ終わるごとに、鼓に合わせて拍子を取る。楽器をかき鳴らす。テンポがよい。

このやりとり、どこかで見覚えがある。テレビなどで、「歌謡漫才」とか称して行われている上方芸能の演目とそっくりである。

やがて、余韻を残しつつ、和やかに舞台が終わる。盛大な拍手。幕が下りる。

舞台裏で、出演者全員が顔を見合わせた。ほっとした表情が感じ取れる。出演前の緊張は、さわやかな満足感に変わった。そこへ、この催しを企画した京都造形芸術大学の田口章子教授が近寄ってくる。

「ほらご覧なさい、北川さん。最高に受けたでしょう」

正己は安堵《あんど》していた。華やかな舞台に勝ち負けは似合わないかもしれないが、まさしく他の二つの芸能に「勝った」という実感があった。田口教授の言うとおり、いわゆる「受けた」。様々な反応があった。拍手喝采であった。三〇年ぶりに演じられた三曲万歳は見事に成功した。

それにしても三〇年もの長い刻《とき》をへての上演とは、どういう歴史をたどったのか。

三曲万歳、三〇年ぶりの上演

きっかけは前年の一一月下旬までさかのぼる。件《くだん》の田口章子教授から、尾張万歳家元の北川正己宅へ電話が入った。

「北川さん、あなたにぜひやってもらいたいことがあるの」

田口氏の専門は古典芸能である。歌舞伎を題材とした著書も多い。昭和三二年（一九五七）生まれというから、北川正己より二〇歳以上若い。彼女自身は、尾張万歳の全盛期など知るはずもない。その古典芸能研究者から「たっての願いがある」と、神妙な声で申し入れがあった。

田口教授は、造形芸術大学では舞台芸術研究センター主任研究員も務めている。北川正己と、というよりも尾張万歳保存会と幾度となく交流している。

その教授が、常々残念に思っていることがあった。尾張万歳にはかつて、大きく分けて門付、御殿、そして三曲万歳の三つがあった。門付万歳と御殿万歳は今でも頻繁《ひんぱん》に演じられている。見る機会も多い。対して芝居仕立ての三曲万歳は、昭和三〇年頃までは、あちこちの芝居小屋などで、長時間にわたって上演されていた。関西でも「名古屋万歳」と称して、戦後の一時期までもてはやされていた。

ところが、北川社中率いる尾張万歳はは、その三曲万歳を捨てていた。過去のものとして、二度とやらないと決め込んでいたのである。衣装も小道具もそして役者も、時の流れとともに欠けてきた。正己自身も、演じることができないものと覚悟していた。

（そんなすばらしい文化が消え去るのは、いかにも残念）

田口教授は、かねてからそう考えていた。文化庁も同意見だった。ぜひ三曲万歳を再演してもらいたい、演じる機会を作ってやりたい。

「今度ね、京都で『お軽・勘平』を、違った芸能で楽しもうという催しをするの」

電話の向こうで、田口教授の声が明るく弾んだ。聞いていた北川は、すぐさま事態が飲み込めた。

「田口さん。うちにそれをやれっていうのは、とても無理ですよ」

話を聞き終わらないうちに、正己は答えた。

忘れもしない、今を去ること三〇年前。昭和五三年（一九七八）三月二四日、東京国立劇場で、尾張万歳保存会が三曲万歳を演じた。当時の文化庁が、「消えていく芸能」と銘打った催しで、上演を依頼した。受けて、北川社中が三カ月の特訓ののち披露する。その日を最後に、演じられることはなかった。言い方を変えると、北川正己が、尾張万歳の演目として放棄していた。それを今になって再演するのは、とてつもない作業である。

田口教授は、北川の思いを感じたのか、電話はその後は世間話で終わった。

あきらめたわけではない。田口氏は昭和五三年に国立劇場で演じられた三曲万歳のビデオテープを、すり切れるほど見ていたのである。続けて二度目の電話が入る。

「北川さんがやる気になれば、簡単なものですよ」

彼女が言うと、何だか簡単なことのような気がしてきた。

「考えさせてください。仲間にも相談します」

そして一二月中旬に、三度目の電話。正己は具体的な問題点を口にした。

「田口さん。だいいちやろうにも、化粧道具や衣装がもうありませんよ」

三曲万歳、三〇年ぶりの上演

その返事を待っていたかのように、田口氏は答えた。

「北川さん、ここは京都ですよ。欲しい物があったら、全部すぐ揃えます。そんなことは私に任せて、中身だけ貸してください」

そうまで言われて断ることはできなかった。保存会会員に打ち明ける。意外にも、みんなは前向きだった。ついては考えた。正己たち年配者がやるのは、比較的簡単だ。三〇年前に国立劇場でやったときも、当時まだ若手のうちだった月東和雄ら、現在活躍中の会員を中心に演じた。今回、ちょうど尾張万歳保存会に入りたての、二〇歳の会員が三人いる。せっかくだから、この若者たちを巻き込んでやってみよう。そこまでは決心した。

しかし、問題は衣装や化粧道具だけではなかった。

まず、台本がない。所作を綴った文書も存在しない。一部書き残されている部分もあるが、ほとんどすべては正己の頭の中にある。それをうまく引き出せるのか。何と言っても三〇年ぶりだ。

尾張万歳の三曲万歳、代表的出し物は二つあった。

一つが「神霊《しんれい》矢口の渡し 船宿の場」。そしてもう一つが、今回演じることとなった「仮名手本忠臣蔵三段目 足利館裏門の場」、いわゆる『お軽・勘平』である。

北川正己は、どちらも若い頃は何度となく演じた。仮名手本忠臣蔵三段目 足利館裏門の場で言えば、今回若手の藤本が演じた鷺坂伴内が当たり役であった。台詞《せりふ》は今でも口から流れるように出る。しかし、その他の台詞は、動作は…。
繰り返すが三〇年の空白がある。果たしてうまくいくのか。やると決心はしたが、重苦しい不安が先に立った。
全員が集まる。全員といっても、現在尾張万歳保存会会員は、実質わずか一一人しかいない。本格的な練習は、年が明けて平成二一年になってから。

かつて演じられた三曲万歳（昭和中頃）

地元知多市寺本に、「知多市青少年会館」という市立の施設がある。北川正己の住まいから、歩いて北へ一〇分くらいの場所である。住所は知多市八幡字堀切《ほりきり》（この地名を覚えておいてほしい。後に、正己の家業と関係が出てくる）。平成一一年に作られた、鉄筋二階建ての白い建物だ。ここが今の尾張万歳の本拠地である。

そこへ、日曜の夜七時過ぎに集まる。活動場所は、階段を上がった二階のホール。廊下には、万歳を紹介する展示コーナーもある。

普段は、若い来館者に万歳を伝授する場所となっている。しかし、今後は大きな目標ができた。来たるべき六月の発表会に向けて、練習の開始である。週一回、わずか二時間の特訓が始まる。指導する北川正己は、まさに映画監督のようだった。

一一人の万歳師は、万歳に二四時間関わっているわけではない。若い三人は大学生だ。年齢は彼らが二〇歳で、次は六〇歳代まで飛ぶ。最年長の北川正己が昭和八年生まれ、彼も万歳以外の仕事を持っている。他の者も全員が本業を抱えている。言い換えれば、万歳では食っていけない。

かつては収入の少ない農家が、一年を食いつなぐために始めた万歳。今は違う。まとまった稼ぎはない。よくて、一公演で一人当たり一万円もらえれば多い方である。多くが無料奉仕に近い。だが明確な意志があった。伝統文化を守る。尾張万歳をこの世から消してはならない。秘めたる静かな思いが、彼らを突き動かしていた。

冬が過ぎていく。三曲万歳の練習が続いた。

改めて思った。目標があるということはいいことだ。若い万歳師は大学へ通うかたわら、アルバイトもしている。だが日曜の夜は、練習のために時間を必ず空けた。

熱のこもった特訓が毎週行われる。そして、ついに本番を迎えた。

前日、京都へ入る。

衣装は、主催者側がすべて揃えてくれた。鬘《かつら》は、東映京都撮影所から直々借りたという。

夜遅く舞台稽古があり、立ち位置の確認をする。花道のある舞台で行うのは、正己自身も何十年ぶりだった。足が震えた。

さて当日。

噂を聞いて、地元知多の新舞子《しんまいこ》や古見《こみ》、朝倉の住人も京都へ駆けつけた。その数、約四〇人。ほとんどが女性だ。鑑賞後に、彼女らに感想を聞いた。誰もがこう言った。

「こんな楽しいことができるんですね」。

演じた若い役者たちも「おもしろかった」、「またやりたい」。そう口々に語る。

三曲万歳自体は、若手に、一部ぎこちない動作も見られた。無理もない。広い舞台で、芝居をするなどということは、尾張万歳に関わってから初めての機会だ。だが、すべてが新鮮だった。こんな感動はない。終えた後、全員が互いに潤んだ目を合わせる。そこへ、先ほどの田口教授の言葉。涙が溢れている者もいた。誰もがしみじみ思った。三〇年ぶりの三曲万歳公演。やってよかった。

三曲万歳、三〇年ぶりの上演

満足感の中にも、肝心の北川正己の心には、一つ引っかかってる部分があった。今回の開催は京都だ。三〇年前に演じたときは東京の国立劇場であった。地元知多では、数えてもう五〇年間、芝居仕立ての三曲万歳を北川社中は実演していない。このままでいいのか。近いうちに、自分が元気なうちに、必ず地元知多の人たちに三曲万歳を見せてやりたい。

確かな思いが、尾張万歳家元五代目長福太夫、北川幸太郎こと北川正己の胸に宿っていた。

有助といえる者二子あり
兄を有政といい　弟を徳若と名付く
父子ともに庭の掃除なんぞをして
世を渡りけり
弟徳若に　法華経の文字にて
正月の寿を授けられたり
これを万歳楽という　これ万歳の始めなり
（『尾州木賀崎霊鷲山長母寺開山
無住国師略縁起』宝永四年写しより）

〈尾張万歳とは ①〉

万歳。

辞書で引けば、「年の始めに、風折烏帽子を戴き素襖を着て腰鼓を打ち、当年の繁栄を祝い賀詞を歌って舞い、米銭を請う者。太夫《たゆう》と才蔵《さいぞう》が連れて立ち、才蔵の言う駄洒落を太夫がたしなめるという形式で滑稽なかけあいを演ずる。千秋《せんず》万歳に始まり、出身地により、大和万歳、三河万歳、尾張万歳などがある。【漫才】はこれの現代化で、関西に起こる」とある。

読むほどに難しい。読めない漢字も多い。

「風折烏帽子《かざおりえぼし》を戴《いただ》き素襖《すおう》を着て腰鼓《こしつづみ》を打ち…」、すでに、ここからわからない言葉の連続である。

風折烏帽子とは、頭に被《かぶ》る烏帽子の中でも、風になびくように横に折れているものを指す。それを頭に被《かぶ》り、素襖を着る。素襖については、これは絵を見ると誰もが「あーあ、あれね」という物である。簡単に言えば昔の侍の正装だ。その腰に鼓を持って打ち鳴らし、新年に各家庭を回って、賀詞《がし》つまり祝いの言葉を謡い舞い、お駄賃をもらうという生業《なりわい》らしい。

古図に残る万歳

太夫と才蔵というのもわからない。太夫と言えば、時代劇に出てくる遊女で○○太夫というのが一般になじみがあるが、ここでは、門付芸人に対する敬称ということらしい。この太夫が先ほどの烏帽子を戴き、素襖を着ている。手には鼓ではなく扇子を持つ。

尾張万歳を取り上げると、太夫の烏帽子は風折だけではない。よくある侍《さむらい》烏帽子も被っている。武士の平服であった素襖を着て、袴《はかま》をはく。袴も武士用の平袴である。

対し、才蔵の衣装は独特だ。頭に七福神の大黒天が載せている大黒頭巾を付け、小袖を着る。下は「たっつけ」という袴をはき、裾部分をひもでしばる。手には鼓を持つ。太夫とは衣装がまったく違う。失礼ながら、見るからに品格が落ちる。

才蔵というのは、調子のいい者の蔑称《べっしょう》としても使われるくらいだから、格は下だ。つ

才蔵の装束

大夫の装束

まり、太夫と才蔵は同格ではない。その才蔵が、太夫が言う祝詞《のりと》に合いの手を入れ、たしなめられる。太夫が「ボケ」で才蔵が「ツッコミ」である。

その二人、あるいは音曲を奏でる者を含めて三人で、家々を回る。門付とは、「門口に立って、音曲を奏し、または芸能を演じて金品などをもらい歩くこと」を言う。万歳はその代表的なものだった。

思い出すシーンがある。かなり以前、昭和六二年（一九八七）に東宝が制作し大ヒットした映画、『ハチ公物語』。中で、ハチ公が飼われていた渋谷の東大教授宅へ、正月と思われる時期に、万歳がやってきて何やら掛け合いをしている。演じていたのは、オールドお笑いファンには懐かしい漫才師、「獅子てんや・瀬戸わんや」のコンビだ。なぜ二人が万歳を演じたのか、演じることができたのかについては後に述べる。

何はともあれ、教授宅に門付万歳がやってきて、家族が楽しそうに見ている。やがて心付けを渡す（らしい）。いかにも正月の風物詩といった風情であった。尾張万歳は、というよりも万歳の門付は、首都東京の年始になくてはならない文化だった。

いったい、万歳とはどのようなものなのか。今の漫才とはどう違うのか。どのように広がり、どのような歴史をたどったのか。そして、なぜ尾張知多に残ったのだろうか。

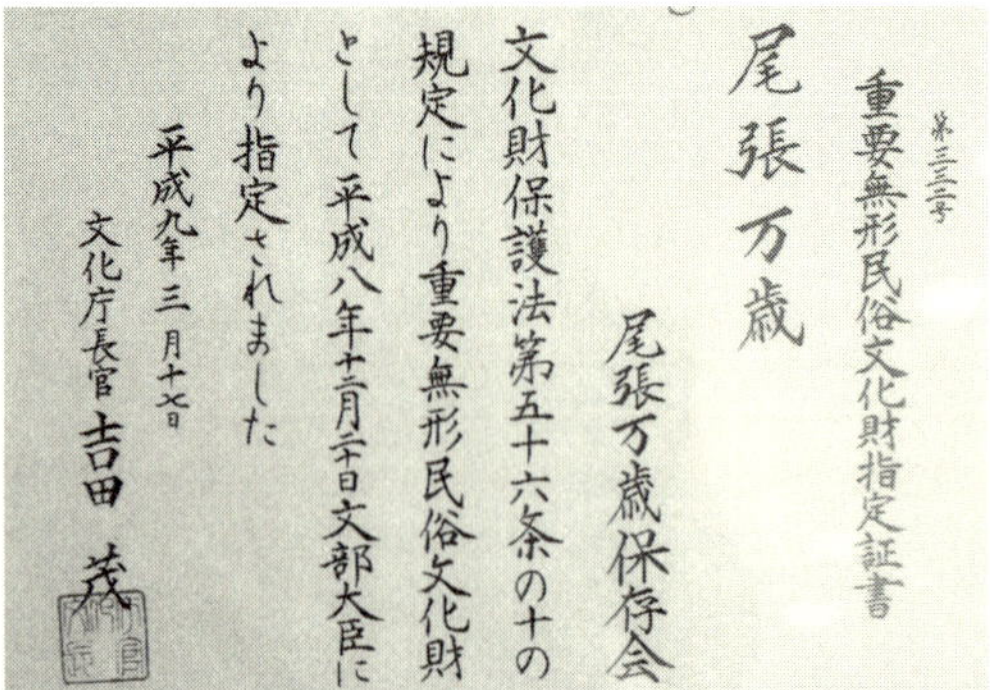

第三三号

重要無形民俗文化財指定証書

尾張万歳

尾張万歳保存会

文化財保護法第五十六条の十の規定により重要無形民俗文化財として平成八年十二月二十日文部大臣により指定されました

平成九年三月十七日

文化庁長官 吉田茂

文化庁からの指定証書

正己の家業

現在の八幡本通り

改めて紹介しよう。

国指定重要無形民俗文化財、尾張万歳保存会会長、尾張万歳家元五代目長福太夫、北川幸太郎こと、本名北川正己。昭和八年（一九三三）の生まれである。

家業は鮮魚店、簡単に言うと町の魚屋さん。店の名前は「魚幸《うおこう》」である。

地元、愛知県知多市八幡西部（旧寺本村。「寺本」は今でもよく地元で使われるが、現在は正式な地名ではない）では、「本通り」という、国道に面した商店街の一角に店がある。近くには老舗《しにせ》のお菓子屋や小料理屋、海苔《のり》屋などが並ぶ。商売敵《がたき》の鮮魚店もある。

魚屋、魚幸

昔懐かしい町並みだ。日本国中いたるところに、○○銀座という商店街があるが、そうした情緒の店構えが連なる。通りの中程に、北川正己の経営する魚幸がある。
店構えはそれほど広くない。道路に面して、向かって左側に魚をさばく流し場、右手が店舗だ。冷凍ガラスケースに、地物にこだわった水産物を必要な分だけ並べる。朝、近くの魚市場から仕入れた海産物を、正己が手早くさばく。シャコをむき身にしたりする時は、妻の美智子さんも手伝う。彼女も調理師免許を持っている。当たり前だが、いずれも大変手際がよい。見る間に新鮮な海の幸ができあがる。

商品が並べられる時間を見計らって、近所のおなじみさんがのんびりと買いに来る。中にはほぼ毎日、決まった時間に車で乗り付ける客もいて、品物は午前中にはほとんど売り切れる。店の片隅には、要望に応じて季節の野菜などを広げることもある。

タイムスリップしたような、昭和の香り漂う魚屋さんである

実はこの八幡地区は、かつては漁師町であった。今それを言うと、にわかに信じられない。海岸線から遠く離れ、潮の香りはまったくしない。だが、じっくりと辺りを見回せば、確かに漁師町の雰囲気は感じられる。不思議だ、こんな街中が漁師町とは。

これにはある秘密があった。

魚幸鮮魚店から北に約二〇〇mほど行ったところに、「堀切」という場所がある。現在は、遥かに離れた伊勢湾に向かって、中央に狭い水路、その両側に道路がある。

車が行き交う北側道路は、かつての入江を埋め立てて作られた。つまり埋め立て前は、道路の幅だけ水路が広かったということ。ここが魚船を係留する入江だった。先に述べた青少年会館は、この水路の脇にある。

打瀬船《うたせぶね》という、風に帆をふくらませて進む木造船があった。昭和の中頃まで、長い間活躍した底引き漁船である。今でも、北海道など一部の地域では現役で操業しているという。帆掛け船の一種で、沖まで風を読んで出かけ、目当てのところで、船の前と後ろから網を下ろす。帆をいっぱいに上げ、真横から風を受けて、ゆっくりとそのまま移動する。砂地

かつての堀切水路

埋め立て後の現在の様子

の海底をひとしきりすくったあと、人力で網を巻き上げる。（現在使われている打瀬船は発動機付きで、目当ての漁場まではエンジンで行く。漁をするときだけ帆を上げ、船体を真横に動かす）

その打瀬船や、もう少し小型である「ながの船」の、海が荒れた時の避難場所が堀切水路だった。普段嵐の心配のない時は、打瀬船は浜の桟橋に係留する。小船は砂浜に引き上げられる場合もある。大潮の干潮時は、船はほとんど全部、砂浜の上に船底を出す。

打瀬船

八幡浜漁港（昭和初め頃）

水路を出て海沿いに南へ、まとめて八幡浜と言われている海岸があった。ここが小魚を中心に水揚げが多かった漁港だ。漁港の名前はそのまま八幡浜とも、地名をとって浜小根《はまおね》漁港とも言われていた。木造の桟橋《さんばし》に打瀬船が横付けし、伊勢湾の水産物が次々と水揚げされた。魚幸鮮魚店だけでなく、この辺りの魚屋はすべて、浜小根漁港から海産物を仕入れた。

聚楽園大仏

現在、かつて漁港と呼ばれていた場所は一面陸地である。なぜか。答えはもちろん埋め立てである。埋め立て地の正式名称は、名古屋南部臨海工業地帯。

昭和三〇年代前半から始まった高度経済成長の嵐は、一気に知多半島の海岸部に吹き荒れた。遠浅の海岸が次々と埋め立てられ、工業用地に変わった。

知多の海岸を、名古屋に向けて北に上がると東海市になる。伊勢湾に面した市の中程に、聚楽《しゅうらく》園という場所があり、昭和の中頃までは、風光明媚《めいび》な白砂青松《はくしゃせいしょう》の地であった。

昭和二年のこと。名古屋の実業家山田才吉氏が、昭和天皇ご成婚記念として、背丈約一九メートルのコンクリート製大仏を造った。あわせて、一帯を観光地として売り出そうとする。ところがこの時期の臨海部埋め立てにより、目論見《もくろみ》は大きくはずれた。大仏は、今は製鉄の大工場の煤煙を吸いながら、丘の上に静かに鎮座している。（近年、大仏周辺は公園として見事に整備され、東海市民の憩いの場になっている）

北川正己の家業の話に戻ろう。

学校を出てからずっと、魚屋さんを続けている。近くの魚市場に出かけ、その日売れそうな地元海産物に目星をつけ、競《せ》りに参加する。競り落とした分を軽ワゴンに詰め込み、急いで持って帰ってさばく。店先に並べる。

この魚市場の場所だけは、埋め立て前からあまり移動していない。かつての浜小根漁港の先端、八幡堀切から続く水路が伊勢海に出た近辺にある。もちろん現在は周りはすべて陸地である。「知多魚菜類卸売市場」というのが今の名前だ。

市場の競りは八時に始まる。目当ての物を見つけるため、身支度をして朝早く出かける。競りの三〇分前には市場に入り、品定めをする。

競り落とした商品は、述べたようになじみの固定客があり、午前中にほとんど売り切れる。地物だけの魚市場では、客の要望に全部応えることができないので、名古屋駅前にある「柳橋《やなぎばし》市場」へ出かけることもある。たいてい週二回だ。こちらは、朝六時に愛用の軽自動車を走らせて行く。同じく、二・三日中にさばける分だけを仕入れ、固定客に売り切る。

そして、家業のかたわら尾張万歳を演じている。

このパターンを、気の遠くなるような長い間続けてきた。北川正己の生活は、ここ数十年、ほとんど変わっていない。

ところが、埋め立てにより、生活に大きな変化のあった人たちもいた。筆頭はもちろん

魚をさばく正己

地元の魚市場

漁業に従事していた面々である。海がなくなれば、なけなしの保証金をもらい、職業を変えなければならない。避けようがない。

次いで、農業従事者にも影響を与えた。

万歳は、本業だけでは食っていけない人々の、冬の副業であった。主たる仕事だけでは生計が成り立たないので、仕方なく万歳という出稼ぎ業に臨時収入を求めた。

それが近代工業化により、あちこちで土木工事が始まる。日雇いの仕事がたっぷりとある。工事現場へ通えば、出稼ぎへ行く必要がない。正月、松の内ののんびりした時期に、故郷を離れなくてもよい。狭い木賃宿に泊まって、自分たちでご飯を作らなくてもよい。家から通えるところで、確実な現金収入がある。一週間に一度は休みももらえる。当然そこで働く人が増えた。

これが万歳衰退へとつながった。

埋め立てによる工業化の波は、何度も何度もこの地区に押し寄せ、社会の構造そのものを変えた。似たような話は、日本全国にあったことだろう。

北川家へ話を戻そう。お魚屋さんの仕事は、早起きは必要だが午前中にはほとんど終わる。少し休んだあと、自分の時間が持てる。今は長年連れ添った奥さんと二人暮らしだ。子どもは二人いて、いずれも女の子であった。万歳は男がやるものである。正己は、我が娘に万歳を教えようか迷った時期もあった。しかし断念した。嫁いで、今は二人とも離れて暮らしている。

土曜と日曜の夜は、すぐ近くの会館へ出かける。以前、万歳仲間は近くの地元公民館を間借りして集まっていた。現在は、知多市青少年会館が尾張万歳の活動拠点である。

土曜・日曜とまとめて言ったが、この両日は万歳をする目的が違う。

土曜の夜は、若い世代の開拓である。現在尾張万歳を演じることのできる人は、実質一一人になった。北川正己が一番年長で、他に一〇人だけ。

述べたように、万歳そのものの台詞、所作等は、すべて正己の頭の中に入っている。御殿万歳も、北川が中央の太夫を演じる場合が多い。つまり尾張万歳は、五代目長福太夫、北川幸太郎（正己）がいなくなると、とたんに切羽詰まる状態だ。運営がにわかに苦しくなる。早急に跡を継ぐリーダーが欲しい。

跡を継ぐと簡単に言ったけれども、これがうまくいかない。土曜の夜にやってくる子どもたちは、習っている時間はいずれも熱心である。真剣に取り組んでいる。ただ長続きし

車座になって台詞の練習

ない。「ジュニア」と名づけているこの講座は、教える方が熱意を持っていても、ある程度芸を身につけると、やがて欠席する子が出てくる。

「今日はサッカーの試合が長引きそうなので行けません」

「○○ちゃんのお誕生日会に呼ばれました」

そんな電話が入る。電話がある時はまだいい方で、待ちぼうけを食うときもある。ジュニアのメンバーにとっては、尾張万歳の講習も、数ある習い事の一つでしかない。北川たち保存会会員が空しさを感じる時でもある。

対して日曜日は、完全に自分たちの稽古日である。練習の様子を拝見させてもらった。

案外自由な雰囲気である。青少年会館二階の練習室は五六平方メートルの広さがある。跳んだりはねたりに耐えられるように、床が柔らかく作ってある。そこで、まとまって一斉に練習をするわけでない。一方で御殿万歳の振り付けを、向こう側では鼓の打ち方を、その隣では三味線の手ほどきをという感じで、それぞれてんで勝手に稽古に勤《いそ》しんでいる。

かといって、のんびりとしたムードはない。教える方、教わる方、どちらも熱心である。真剣さがみなぎっている。厳しい声も飛び交う。鋭い質問も出る。

北川正己はその中を動き回り、必要に応じてアドバイスする。普段より背筋が一段と伸びている。かくして、二時間の稽古時間はあっという間に終わる。次の稽古日まで、また二週間待つ。気の長い作業である。

楽器（胡弓）を稽古する

関東では、正月にどこからともなくやってきて門付をしていく万歳師たちを、何となく三河万歳と呼んでいた。

〈尾張万歳とは　②〉

徳川の時代はもちろん、明治に入ってからも、将軍家の故郷である三河という地名を、首都圏では大切に扱う風潮があった。明治以後、東京方面に出かけた尾張万歳衆にとっても、「三河」とよばれることに、別に抵抗はなかった。要は収入があればいいのだ。

首都圏では、現在もあの衣装のあの万歳を「三河万歳」と呼んでいる人は多いという。ところが実際は、ほとんど全員が尾張から出かけた人たちであった。つまり彼らが言《こと》祝《ほ》ぐ万歳は、三河万歳ではなく尾張万歳だ。

「万歳が来ないと正月が来た気がしない」という空気が、戦前まで東京近辺にあった。

正月。悪魔を祓《はら》い幸せをもたらす神が、万歳の賀詞に乗ってやってくると、人々は何となく信じていた。

このあたりを、早稲田大学演劇博物館で学芸員を務めて

門付万歳（昭和中頃）

いた後藤淑氏は、「一種の言霊《ことだま》信仰であり、万歳や春駒は言霊信仰を形で示したもの」と述べている。正月というめでたい日を、万歳が持って来るのではなく、祝い日だから万歳が来た。東京の人々はそう理解していた。したがって、邪険《じゃけん》に扱われることはめったにない。「万歳が来てくれた。今年もいいことがありそうだ」と誰もが単純に喜んだ。これが門付である。当初尾張万歳はこの門付万歳だけであった。といっても、今行われている門付万歳は、この頃のものと違う。

もともとは五万歳といって、門付に訪れた先の宗旨や事情に即して違った内容が演じられた。法華経万歳（日蓮宗用）、六条万歳（浄土真宗用）、神力《しんりき》万歳（神道用）、御城《ごじょう》万歳（大名・士族用）、地割《じわり》万歳（普請《ふしん》建て前用、その他）の五つである。

尾張万歳研究家の岡田弘氏がまとめた五万歳は、次のようだ。基本は檀家《だんか》の座敷で神仏に向かって、年頭の賀詞を述べ、一家の安泰・繁栄等を祈念するものであり、厳格な作法で演じる。いわゆる宗教的、信仰的な内容である。

（一）法華経万歳　無住国師《むじゅうこくし》が、寺にいた有助父子に、仏教を分かりやすい言葉にして与えたといわれる万歳で、日蓮宗の家で演ずる。

（二）六条万歳　本願寺万歳・御門徒万歳・御門跡万歳ともいう。本願寺の御堂をたたえ、親鸞聖人の一代記を謡ったもので、主に浄土真宗の家で演ずる。江戸時代初期の作か。

（三）神力万歳　熱田万歳ともいい、尾張藩二代目の光友公時代の熱田神宮造営を謡ったもの。

神道の家で演じる。

（四）御城万歳　江戸城や諸大名の屋敷をほめたものである。大名屋敷へ出入りするには最適の歌詞であったと思われる。

（五）地割万歳　仏教の言葉が多いけれども、「正月登城と定まり…」とあるので、江戸時代の作であろう。家を建てる時に祝う万歳なので、いつでもどこでも謡える。五つのうちでもっとも遅く（一九世紀前半の天保年間）に完成したと見られる。

このどれか一つを演じたあと、家人の方に向き直り、気分を変えて「福良持倉《ふくらもちくら》」とか「入込《いれこみ》」という、上品で滑稽な万歳に移る。福良持倉とは、おめでたいものを読み上げるもので、「なかなか…」と歌い出すところから「なかなか万歳」とも呼ばれた。江戸時代前半の作と考えられる。

対し、入込万歳は江戸時代中頃に作られた。お茶やお酒など地域の特産物を謡い上げる。のちには、行った地方を代表する産業を祝福する万歳を演じて、正月を言祝いだ。

これに、新年の賀詞と家内安全を祝う、簡素化した現在行われている門付万歳が加わる。通常、縁もゆかりもない家を訪れ門付を行う場合は、ほとんどがこの改良型の門付万歳であった。それが趣を変え、三曲万歳と御殿万歳へ進化した。確立したのは、いずれも江戸時代の後半から明治にかけてらしい。

現在の尾張万歳は三つの形態を持っている。その変遷と内容についても、順次説明していきたい。

もう一つ先に確認したいことがある。上方が発祥の現在の「漫才」は、尾張万歳がルーツであるという点である。歴史上の正確な事実であり、諸説ある中の一つというわけではない。これついても後述したい。

御殿万歳を練習する。中央・父正一、右・弟勝久、その前が正己。
（昭和35年頃）

北川正己の生い立ち

女性が母美津尾。その左が父正一、一人おいて弟勝久、左端が正己
（昭和 28 年頃）

北川正己は昭和八年生まれ、五人兄弟の一番上である。正己から下へ一番末が男性で、間の三人は妹、つまり女性だ。尾張万歳は男が演じるものなので、万歳楽を受け継いだのは、正己と末弟の北川勝久（昭和一九年生まれ）の二人だけである。

受け継いだといっても、実は正己は、万歳というものに対して斜に構えていた。物心ついた頃から、父、正一《まさいち》が家業のかたわらに、万歳というものを職業にしていることはわかった。「尾張万歳家元、四代目長福太夫北川幸太郎」というのが、父の別の呼び名であることもすぐに認識した。

家には万歳師が四六時中出入りしており、二階で稽古している。当然、耳になじみができてくる。しかし、この「門前の小僧」は、いっさい万歳を覚えようとしなかった。また父も無理矢理教えようともしなかった。

地元の小学校で、普通に学び、やがて中学校を普通に卒業する。

昭和八年生まれというと、ちょうど学齢期に太平洋戦争があった。小学校の名前が、昭和一六年に「国民学校」に変わる。高等科に進んでから終戦を迎え、高等科二年の時に新制中学になった。したがって正己自身は、地元の新制八幡《やわた》中学の第二回卒業生である。世の中が一八〇度変化した時代だ。日本中で墨塗りの教科書が使われていた。

当時の北川正己少年は、本人に聞けば平凡な子どもだったという。しかし、幼なじみは、明るくて楽しい子だったと口を揃えていう。飛び抜けて秀才だったというわけでもなく、どの学級にも一人はいる、仲間内の人気者という存在だったらしい。

小学校の頃は、ご多分に漏れず野球に熱中した。物がない時代なので、近くにあったゴム工場からゴムの切れ端をもらってきて丸め、それを糸で縫い回してボールを作った。バットは、「はざ杭」。刈り取った稲を干すため田んぼに立てる木の棒から、適当な長さの物を選んで使っていた。グローブはない。みんなと野球がやりたくて、朝六時半には学校へ出かけ、始業の鐘が鳴るまで仲間と遊んでいた。帰ってからも、近くの広場で手製のボールと戯れていた。

八幡国民学校（昭和 18 年）

部活動というものはなかった。習い事もほとんどしたことがない。今からは想像もできない、遠い昔の物語である。

戦争も末期になると、疎開《そかい》にくる子どもも多かったという。疎開というと、人里離れた山深い田舎を想像するかもしれないが、知多半島は手頃な「小国民」の避難地であった。あちこちのお寺や公民館などへ、多くの小学生がやってきた。

正己と同じ学年の地元児童は六二人。そこへ、いちばん多いときで二〇〇人ほど来た。ほとんどが名古屋からの疎開児童で、一教室に七〇人も入り、一度座ったら身動きが取れない状態だったという。中に東京の子も一人いた。東京都港区からの疎開者で、余談だが、先日その人から正己に電話が掛かってきた。

「テレビで見ました。北川幸太郎というけど、あなた、正己君ではないですか」

会話が弾んだ。六〇年以上たっても、テレビに映る正己は少年の面影をくっきりと残していたのか。

「万歳をやっていたなんて、知りませんでしたよ」

受話器の向こうで彼はそう話した。正己も、小学校時代は同じ思いだった。万歳をやるつもりは毛頭なかった。

戦争が終わった。正己は中学校を卒業する。高校への自由進学の時代となっていたが、上級学校へ行く気はない。自然の流れで、家業の魚屋を継ぐ。父の手伝いをして、地元に根付く生活を選んだ。万歳とは距離を置きつつも、父の仕事は当然のように受け入れた。

当時、家から東へ上がった丘の上に、大きな料理旅館があった。正己は注文された魚を携えて、午後四時過ぎに旅館に入り、板前仕事をした。魚をさばき、料理の下ごしらえをする。実入りは案外あった。相変わらず万歳とは関わりを持たない時間が過ぎる。そんな時、転機が訪れた。地域の青年団に加わったことがきっかけだった。

当時、どの地域でも同様だったろうが、若者は一定年齢になると青年団というものに参加する。青年団員は、夜は決められた集会所に集まる。八幡寺本近辺では、その集会所を若屋《わかや》といった。地元の祭りなどに進んでに関わり、集団意識、仲間意識を養う。上下関係も自然にでき、大人になるための「よいこと」も「悪いこと」も、教え教わる。

その青年団が、地元神社の秋祭りに、毎年必ず奉納芝居をした。神社に作られたにわか芝居小屋が披露の場である。

御嶽神社近くの寺

青年団には一五歳から入るが、一七歳までは奉納芝居では主に裏方だ。一八歳になると、芝居で役がもらえる。出し物は、歌舞伎の一場面を切り取ったもの。

正己の住む西平井地区青年団は、御嶽《おんたけ》と呼ばれた神社に一〇月一八日に奉納した。演じ終えると、なぜか風呂敷が観客からもらえた。これが結構いい小遣いになる。奉納芝居は、青年団の絆を確かめ、あわせて活動の資金源にもなる大切な行事であった。もちろん地域の人たちの楽しみな娯楽でもある。

ところで、芝居の指導をするのが、四代目北川幸太郎こと北川正一、つまり正己の父親であった。正己も、奉納芝居に関わってみて気がついた。父の持っているすばらしい能力に改めて触れた。指示の的確さ、指導力、そして何より演技力。すべてがいわゆるプロだった。

青年団に加わっていた正己も、父親の指導の様子を横から見ながら、三年間は裏方を務めた。やがて自分たちの順番が来る。

その年の稽古を始めるにあたって、青年団員全員が本通りに面した公会堂に集められた。揃ったところへ、北川正一がおもむろにやってくる。顔を眺めた後、一人一人に役を与える。

「この度は、忠臣蔵三段目をやる。ついては、○○はお前、○○はお前」

そう次々に指名する。どんな芝居をやるか、誰を起用するかは、すべて正一が独断で決める。

正己はどきどきしながら待っていたが、重要な役の指名を受けた。生涯の当たり役になる、忠臣蔵三段目足利館裏門の鷺坂伴内《さぎさかばんない》だった。

指名されなかった者は、若手と一緒に裏方に回る。正己は役があるので、父の指導を受け、公民館に夜集まって芝居を練習した。

考えた。もしこの主役を下手に演じれば、指名そのものが肉親のなせる依怙贔屓《えこひいき》だと言われることは必至だ。十分わかっていた。若き正己はそう思われるのがいやで、懸命に役に励んだ。

今から思うと、父親は万歳を積極的に習おうとしなかった自分を、そこまで待っていたのではないか。そう正己は回想する。

さておき練習の成果はすぐ出た。蛙の子は蛙であった。

「やっぱり、正一さんどこの息子はうまいな」という評判が立った。正己は悪い気はしない。やがて本番を迎えた。今まで味わったことのない気持ちの高ぶりがあった。終えた後は言いようのない充実感があった。

その後数年間、北川正己は秋の奉納万歳歌舞伎に没頭した。

〈尾張万歳の三つの種類〉

述べたように、万歳は冬の農家の副業の一つであった。

知多半島は丘陵が南北に広がり、長くて流量の多い川はほとんどない。気候も温暖で、田畑は乾燥しやすい。農業をするに際し、常に水不足の状態であった。灌漑《かんがい》用の溜め池がありとあらゆる場所に作られ、田畑に水を供給した。それでも豊作の年は限られていた。

昔から「知多の豊年、米食わず」という言い回しがあった。知多半島で米が豊作になるくらい雨が降ったら、日本中水が多すぎて洪水になり、米が食べられなくなるという意味である。水に対する農家の苦労は、昭和三六年に愛知用水ができるまで続く。

加えて住民の数に比べて田畑の面積が少なく、もし豊作になっても高い収入は望めない。明治初年の統計であるが、尾張八郡の中で、人口に対する田畑の割合が最低で、農業収入の不足を出稼ぎに頼るしかなかった。さらに、知多の農家は裏作用の小麦を植え付けると、冬の間はこれといった仕事が

愛知用水（知多市佐布里付近）

なかった。つまり、冬は出稼ぎの季節である。

万歳以外にも、知多にはたくさんの出稼ぎ・副業があった。黒鍬《くろくわ》稼ぎ（溜め池や林道などを作る土木業）、鍛冶《かじ》（鍬や鎌の作成・修理）、杜氏《とうじ》（酒の仕込み）などが、その代表である。知多市八幡地区は、それが万歳だったということだ。

さて、冬と言えば正月である。万歳も、おおむね新春をねらって出かけていた。ほとんどが太夫と才蔵の二人組である。音曲師が加わって、たまに三人一組になることもあった。諸国へ赴き、初春の賀詞を述べ家内の繁栄を祝って謡い舞う。中で、何の縁故もない家々を流して歩くのを、純粋の門付万歳。特定の家に出入りして、上げてもらった座敷で謡うのを檀那場《だんなば》万歳と言った。

明治から戦後の万歳全盛期は、ほとんどが門付万歳である。行き先は関東方面が多かったが、隣接した岐阜、長野、静岡、三重、そして関西方面にも出かけた。（一般には、関西方面に芸の優れたものが出かけたといわれている。理由は定かでないが、上方の方が、万歳に対する目が肥えていたのかもしれない）

中には遠く仙台から、西は広島まで足を伸ばしたという記録も残っている。今なら新幹線でひとっ飛びだが、当時は遥かに長い旅路であったろう。

万歳旅の中心は独身男性だ。目当てをつけた町に泊まり込みで出

鍛冶職人（昭和中頃）

かける。宿は多くが木賃宿。ご飯は自分たちで作る。自分たちといっても、作るのはもっぱら才蔵の役目であった。太夫はそれを命令するだけ。才蔵は、最年少は一〇歳くらいの者もいた。学校は休んでも黙認してもらえたという。家業の方が大切である。田植えと同じ認識で、出稼ぎに行かせるのを学校が無理に止めると、その家の生活が成り立たない。

話を戻すが、太夫と才蔵のペアは、訪れた町で立派な門構えの家や商店をねらって門付をする。玄関先で万歳を始める。人の気配がないとやめ、次の家に移る。うまく人が出てきて、聞いてもらえれば「心付け」がいただける。繁盛している店の前で行うと、商売の邪魔にもなる。わずかな金をもらって、体《てい》よく追っ払われることもあった。別にそれでもいい。純粋なご祝儀でも追い銭でも、収入があればいい。妙なプライドなど持ち合わせていない。

こうした門付を、一日平均二〇〇軒以上、日によっては七〇〇軒もした。当然、もらえない場合の方が多い。

苦しい生活である。しかし、故郷知多で何もしないで過ごしているよりは、収入は期待できる。触れたように、冬の間は農家はこれといって仕事がなかった。少しでも小金を掴《つか》むために故郷を離れる。現在の裕福な生活からは、まったく想像もできない世界。これが出稼ぎだ。

正月が終わると、今度はゆっくりと故郷へ戻ってくる。帰路ももちろん門付万歳を続ける。故郷へ帰ってきたときには、懐にはそれ相当の大金が入っていた。一カ月働くと、四カ月食べていける。今年も、一家が食いつなげそうだ。

そういった年月を繰り返していた。繰り返すうちに、ご祝儀をくれる確率の高いお得意ができる。次の年はそこを覚えていて、必ず訪れる。

対して、門付の中でも特に檀那場万歳と呼ばれるものがあった。近隣の市町が多かったが、法華経と六条、神力《しんりき》、地割《じわり》、御城《ごじょう》の五種類の基本演技を、演じる家の宗旨宗派により、それぞれ決められた通りに演じる。

もともとは神仏に祈念するものであり、厳格な作法にかなった動作、礼儀が要求され、祝詞《のりと》も重苦しい内容であった。家人が、神棚や仏壇を前にかしこまって聞く。僧侶の唱えるお経と同じで、きわめて厳粛なものである。

この五つの万歳、本編の主人公、北川正己はもちろん全部演じることができる。できるについてはそれなりに苦労はあったが、例えば御城万歳などは、生涯に数回演じただけであるという。法華経万歳習得についての逸話は、のちに触れたい。

檀那場万歳を一通り演じ終わると、気分を転換し、聞き手に面白く受け入れられるよう、「福良持倉《ふくらもくら》」や「入込《いれこみ》」といったユーモアあふれる万歳へと移る。

この檀那場万歳は、決まった収入が確実に得られる代わりに、なじみの檀那（家）を見つけるまで長い時間が必要とされた。また、自分たちが行けなくなると、別の万歳衆

檀那場万歳（昭和中頃）

に檀那場を売り渡すこともあったという。

やがて新春の言祝ぎだけでない、つまり時を選ばない御殿万歳へと変わっていく。御殿万歳とは地割万歳の別名である。名前と内容が変化した経緯について、次の章で触れる。

御殿万歳は、中央に太夫が一人、両側に才蔵役がそれぞれ二人、または三人、合計五人か七人で演じる。めでたい内容なので新築祝いなどで演じられた。会社の落慶式や芝居小屋のこけら落としでもしたという。のちには尾張の豪華結婚式次第の一部にもなった。

年中、求められれば万歳を演じに行く。門付の旅が下火になってからは、御殿万歳が主流になった。東京方面でもてはやされたので、一部の人は御殿万歳を「東京万歳」とも言った。

対し三曲万歳とは、鼓に三味線や胡弓を加えて、歌舞伎の段物を芝居仕立てで行うものである。明治以降に完成され、主に関西で歓迎された。芝居を行う社中が、八幡寺本のあちこちに作られる。関西ではこの万歳を逆に「名古屋万歳」と呼んでいた。盛んになった理由についても、のちに触れる。

改めて確認しよう。歴史上の変遷はあったが、現在残っている万歳の形態は、尾張万歳では、門付、御殿、そして三曲万歳の三つである。

三曲万歳とは、胡弓と三味線、鼓の三つの楽器を使ってやる音曲から名前がついた。前振りや劇の途中で、この音曲が重要な役目を果たす。転じて、歌舞伎の一部を「いいとこ取りしてやる芝居万歳」のことを三曲万歳と言うようになった。

時間で述べれば、一番短いのが二人だけで行う門付万歳で、全部やっても五分程度。主に正月の松の内に、玄関先でやる。門付であるので、角兵衛獅子や虚無僧《こむそう》などと同じく、少しやって反応がないとやめる。次の家へ移る。二分ぐらいであきらめる場合も多い。ご祝儀が出れば、最後まで全部やったり、逆に祝儀が出た時点で七福神の名前を出してまとめ、退散することもあった。

それが、時間のもう少し長い御殿万歳へと変化する。人数も増え、内容も変えた。時期を選ばず、お祝い事の席で演じられる。

一時間近くかかる三曲万歳は、まさしく歌舞伎である。あちこちで小劇団が作られ、芝居小屋などで大々的に行われた。長福太夫北川幸太郎率いる北川社中は、その代表であった。

かつて、知多寺本の駅前に船置き場としての入り江があった。堀切と呼ばれたこの水路は、漁船の係留場所になっていたと述べた。北川正己の家業とも関係が深いが、その堀切の水路南側に、「寺本座」という、当時としてはたいへん立派な木造三階建ての劇場があった。映画を上映したり、当時はやりの剣劇一座がやってきたこともあった。素人のど自慢大会も開催

三曲の音曲万歳

された。その寺本座でも、よく興行を打った。

当時は北川社中の他にも、平松社中、㊇社中など、八幡だけで三曲万歳の一座が三つあり、競って出し物を磨き演じたという。

知多市の南部に、岡田という地区がある。木綿の生産で栄えた地区で、郡内でいち早く町政を引いたことでも知られる。最盛期には岡田町一つで、山形県全体の工業出荷額を超えたというほど栄えた。

その町の中央に、喜楽《きらく》座という劇場があった。かつて町内にたくさんいた、女工さんの娯楽場として造られたものである。やはり、映画や剣劇などが中心であったが、三曲万歳も何度か演じられ、喝采《かっさい》を浴びたという。北川正己の家には、その当時のポスターが現存している。

寺本座も喜楽座も、地域の貴重な歴史遺産であったが、残念なことに取り壊されて今は影も形もない。

繰り返すが、こうした劇場や神社の境内に作られたにわか小屋で、三曲万歳は季節と関係なく演じられた。副業であることに変わりはない。しかし、季節を問わないことと、出稼ぎに行かなくてもよいのは、興業をする側としては大変都合がよい。

寺本座全景

時代と共に、この三つの万歳のニーズは変わり、演じられる回数や形態も変化した。五代目長福太夫北川幸太郎こと北川正己は、最初に述べたように、この三曲万歳を一時期捨てていたのである。それが平成二一年に、京都で三〇年ぶりに復活した。

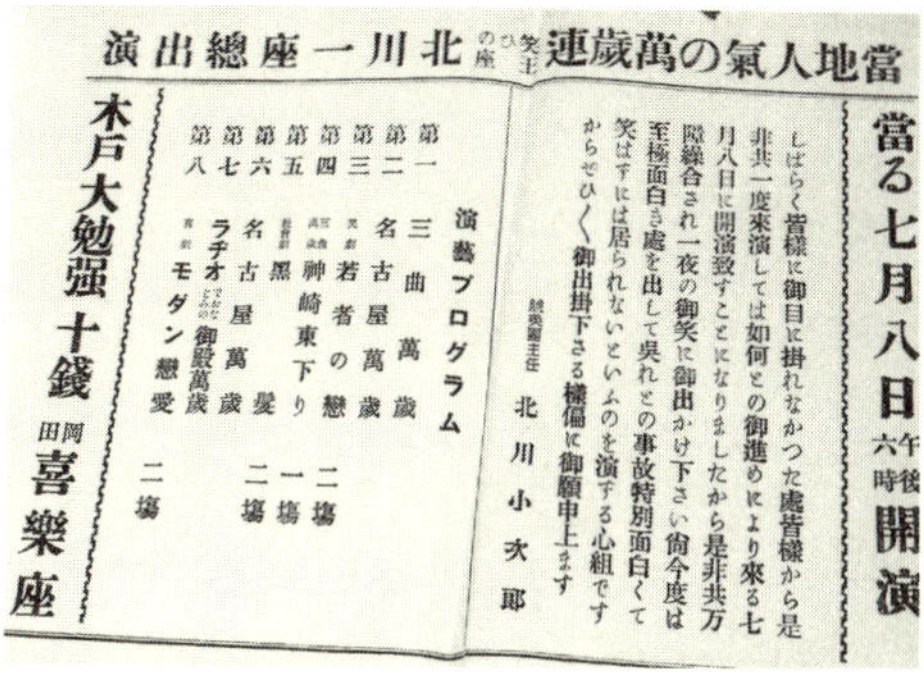

喜楽座ポスター（小次郎とは北川正一の芸名）

魚幸２階で万歳の練習（昭和 30 年頃）。中央・父正一

門付万歳の旅に出る

堀切入江の夕日（昭和初め頃）

昭和二九年（一九五四）年末、正己は二一歳になっていた。青年団の奉納歌舞伎に関わってすでに数年過ぎた。

時も時。大晦日も近い一二月二九日、東京で「世紀の一戦」が行われた。格闘技日本一決定戦と銘打って、当時売り出し中のプロレス力道山と、柔道王の木村正彦が対決した。

街頭テレビには、中継を見ようと人が溢れたという。まだ、テレビは庶民の高嶺の花であった。伝説の正力松太郎氏が、自身で大金をはたき街頭テレビを設置する。テレビ普及にはプロレスが大きな役目を果たした。テレビ中継とともに歩んだイベント、日本中が熱狂した。テレビ放送元年である。

NHKテレビ「私の秘密」に出演する父・正一

年が明けて、昭和三〇年正月。NHKがテレビ生放送で、元旦特集という番組を持った。各界の有名人・芸能人やスポーツ選手などが集まり、対談したり、正月にちなんだ簡単なゲームをしたりする。現在でも似たような正月番組があるから、おおむね想像はつくだろう。

その番組から、尾張万歳に出演依頼があった。

ＮＨＫと言えば、愛宕山のラジオ放送が大正一四年に始まった頃から、尾張万歳は出演していた。めでたい正月を寿《ひさ》ぐ尾張万歳を、すべての茶の間に届けるべく、北川正己の祖父、つまり三代目長福太夫である北川幸太郎が何度も出演していた。父正一も出演経験があった。流れもあって、昭和三〇年のテレビ初出演に尾張万歳へも声が掛かったということ。

出演するのは、もちろん四代目長福太夫北川幸太郎こと正一。付き添いはあと五人。正己も誘われる。

驚いた。当時東京まで行くというのは、今で言うとハワイに旅立つくらいの感覚だった。驚きはしたものの、そこは若者の好奇心、すぐ返事をして出発する。名古屋から東海道線に乗り、前日遅く東京の指定された宿に入った。

さて本番。午前中の番組だった。司会が取り回し、政治家が政治談義をしたり、芸能やスポーツに関する話題も様々出た。当時売り出し中だった有名な子役、小鳩くるみが北川正己の間近にいた。胸がどきどきした。漫画家の近藤日出造、小島功などの姿も見えた。司会の軽妙な取り回しで、和やかに時間が過ぎる。

なか、順番が来て尾張万歳衆が門付万歳を演じた。猿回しや角兵衛獅子も出た。正己はどきどきしながら出番を待ち、そして出演。やがて生放送が終わる。

局を出たのが午後一時過ぎだった。正一が帰りの切符をそれぞれに配る。一行が一休みし、辺りを見回すと父親の姿がない。正己は仲間に尋ねた。

「うちの親父、どこへ行った？」

「何言っとる。お前の父さん、もう帰ったがや」

「そんなこと言って、わし、切符ないがね」

「そんな金、自分で稼ぐだがや。わしら、門付《かどづけ》やるで付き合え」

わかった。門付万歳衆とともに東京に残された。置いてきぼりにされたのである。

おろおろしながらも、ひとしきり東京観光をしたあと、浅草の旅館に入る。前日からの強行日程でくたくただった。宿の名は三河屋。馴染みとみえて、主人が歓迎してくれた。

正己は布団にもぐり込むと、次の朝から、覚悟を決めて門付万歳を始めた。

ゆっくり起き、衣装替えをし、浅草の仲見世辺りを決められた相方と回る。正式に習ったことはないが、四年間の万歳歌舞伎の経験から、何とか格好だけはついた。簡単に言えば、自分の演じた歌舞伎の一部を詠じていればいいのである。店先に入って万歳をやると、すぐに祝儀をくれる。邪魔だから、はした金を渡して早く追っ払おうという店もあった。

しかしほとんどの店は、めでたい正月の風物詩として受け入れてくれる。懐《ふところ》が次々と潤った。

正己はだんだん楽しくなってきた。万歳師としての血がたぎってきたのか、演じることを楽しんでいる自分に気がついた。

うちに同業者にも会った。近辺を回っていると、何度か故郷寺本の人々と出くわした。

「あれっ、あの人たち、裏の○○さんだがね」

向こうも気がついて、言葉を掛けてくる。

「おう、正己さんも始めたのかね」

返事に困った。まさか置いてきぼりにされて、いやいややっているとは言えない。別の話でごまかす。

「あそこの店や、よーけご祝儀くれたよ」

「そんなら、もうちょっと後で行かなかんな」

笑顔で別れ、次の店先に入り込む。正己はますます面白くなってきた。二〇〇軒ほど夢中で回った。薄暗くなる前に宿へ戻る。四人が泊まる部屋は六畳間だった。素泊まりで一泊一八〇円、味噌汁とご飯の食事が八〇円。いわゆる木賃宿ではない。朝夕の食事は頼んだ。改めて見渡せば、三河屋全体で尾張万歳衆が一二名程泊まっていた。

正己はそのときの収入を、今でもはっきり覚えている。一日目は二二〇〇円、一人で一一〇〇円もらえた。二日目は朝八時過ぎから始め、夕方四時頃には四〇〇〇円儲けた。折半すれば二〇〇〇円である。当時の若者としては、夢のような金額だった。

もっとも、儲けが多かったからといって夕食で豪華なごちそうを頼んだり、晩酌《ばんしゃく》の量を増やしたりはしない。昔から万歳の旅には、こういう言い回しがある。

「儲けるよりも、遣わぬかんこう」

かんこう、とは尾張言葉で「考え」とか「知恵」という意味である。

いくら稼いでも、それ以上にぜいたくをしたら、国に持って帰る金がなくなる。質素な生活を心がけ、何とか土産のお金を多くする。出稼ぎというものは、いつの時代も同じだったのだろう。辛抱を重ね、とにかく故郷へたくさんの金を送る。持ち帰る。

旅費は当時国鉄で、名古屋東京間が六三〇円。急行券を買うと、加えて三〇〇円だった。持参金を多くするためには、少々時間がかかっても鈍行で行くのがよい。当時は名古屋駅から「東京行普通」という列車があった。これも今では信じられない。

このとき正己は、松の内四日間だけ門付けをした。一月五日夕方には、地元の青年団で「青年の元服式」という催しがある。それには、当時の八幡の若者は絶対に出なければいけない。間に合うようにするため、四日の夜に東京を発つ。財布の中には五〇〇〇円あった。目のくらむような大金だ。

このすべてが自分の小遣いになる。おもしろい。

二年目は進んで出かけた。儲けた。そんな生活を以後数年続けた。

北川正己自身は「自分は万歳の全盛期は知らない」と述べている。万歳全盛期とは、知多の若者たちが、こぞって日本全国へ出かけていた明治から昭和初めの頃を指す。当時は、東京行きの万歳専用列車があった。

北川正己は振り返る。数年間の門付の旅を経験したことは、自身の人生の中で何かを目覚めさせたものであった。体の中に流れる万歳師の血に火が付いた。

門付万歳が店を訪れる（昭和初め頃）

時に、正己にとっての人生の大きな転機がやってくる。四代目長福太夫北川幸太郎、父正一が急逝したのである。昭和三六年七月。六二歳の生涯だった。

一月中頃、蒲郡三谷温泉に万歳公演に出かけ、そこで倒れた。一年ほど前から体調が思わしくなかったが、こらえて万歳を続けていた。無理がたたったのか、一気に容態が悪化し、倒れたあとはほとんど回復の気配をみせないまま逝った。肺ガンだった。

亡くなる一カ月ほど前、父がぽろりと正己に言ったという。

「あれが、いい機会になったろう」

会話はそれだけだったが、昭和三〇年正月に、東京に置き去りにされたできごとを指しているとすぐわかった。正己もうすうす気づいていた。つまり、父にはめられたのである。

東京に捨て置かれた時は腹が立った。しかし正己は思った。ちょうどいい潮時だったのだ。あとから考えれば、父に感謝したいくらいだ。もし逆の立場なら、きっと自分もそうしたであろう。

葬式が済み少し落ち着いてから、置き去りにされた時にいた父の仲間に尋ねた。

「あの時、自分（正己）を頼むと、父から言い遺っていたのかね」

亡き父親と同年配の万歳師は、黙って答えなかった。にこにこ笑っていたが、そのうちに表情を変えると、きっぱりと別のことを言った。

「あんたが跡を継ぐしかないよ」

跡とは尾張万歳家元、長福太夫北川幸太郎のことである。正己は不意をつかれて動揺した。もちろん返事はできなかった。

〈御殿万歳と三曲万歳〉

知多市のすぐ北、つまり名古屋市側に東海市がある。面積はほぼ同じだが、名古屋に近いだけあって、人口はやや多い。この二つの市は、地勢や環境が似通っている。歴史、習慣も共通のものが多い。特に、東海市の南部、横須賀と呼ばれている地区と、万歳の中心地八幡寺本地区は多くの類似した風土を持っている。

この東海市にも万歳があり、市指定の万歳保存会もある。尾張（知多）万歳と違って、現在御殿万歳しか残っていない。つまり東海市に残っている万歳は、イコール御殿万歳である。

御殿万歳はもともと地割《じわり》万歳と称していた。それがあるきっかけで御殿万歳と呼ばれるようになった。地元横須賀、養父《やぶ》（藪）地区には次のような言い伝えが残る。

話は、江戸時代前期までさかのぼる。東海市の横須賀町に、尾張徳川家六二万石の別邸があった。

もともとこの辺りは、一七世紀の中頃までは「馬走瀬《まはせ》の浦」と呼ばれる砂浜であった。隣接して、「加家《かけ》の湊」と呼ばれる小さな船着き場が、知多の北の入り口として入り込んでいた。

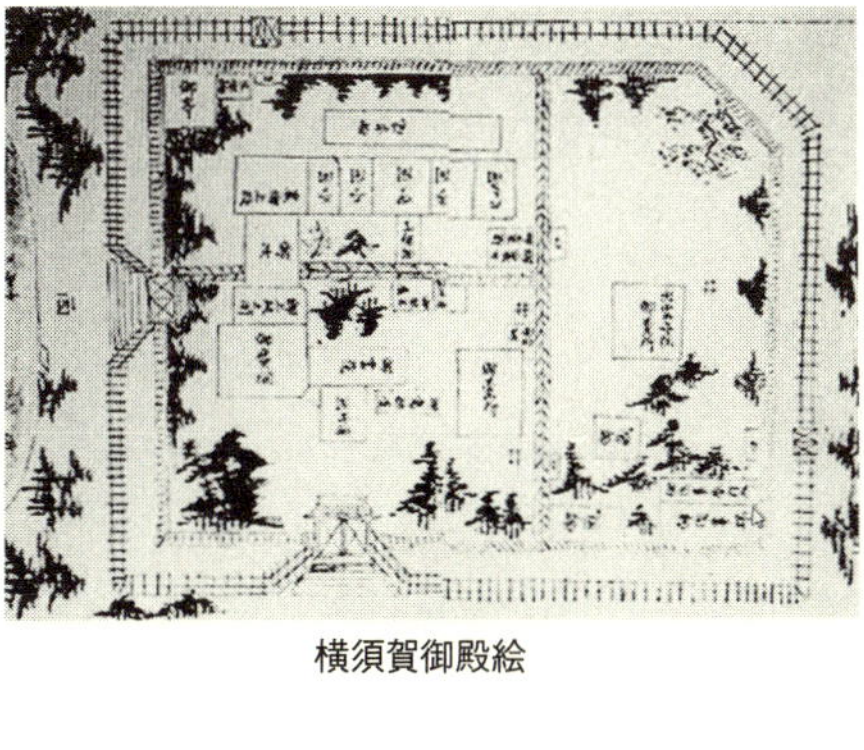

横須賀御殿絵

その近辺へ、寛文六年（一六六六）、尾張二代藩主徳川光友の命により尾張藩主邸宅が造られた。名を横須賀御殿という。敷地は百間×七十間（約二〇〇m×一四〇m）あり、南寄りに「臨江亭《りんこうてい》」という、数寄屋造りの屋敷が建てられる。北側には百五十間（約三〇〇m）四方の、御洲浜《おすはま》と名づけられた、海を取り込んだ回遊式の庭園もあった。

徳川光友は、よほどこの御殿が気に入ったらしい。寛文六年から元禄三年までの足かけ二五年間に、合計二七回も訪れたという。参勤交代で一年おきに領地を離れることを考えれば、驚異的な頻度である。長いときは一カ月も滞在したという記録が残っている。

季節は主に夏。「潮湯治《しおとうじ》」（今の海水浴と思えば大きな違いはない）という名目で、避暑に来た。さらに周辺にもよく出かけたらしい。近隣には「御」のつく地名が多い。述べた「御洲浜」、近くに「御亭」、少し山に入って「御林《おはやし》」。御は付かないが、城にちなんだ「枡形」、「土居内」などという地名も残る。すべて横須賀御殿に由来する。

周辺も整備され、一帯に碁盤の目のような町割りが作られた。

横須賀御殿は殿様が住むので、当然軍事面での対応もなされていた。周囲に立派な堀が巡らされる。それが徒《あだ》となり、光友の死後、幕府の強い命令で取り壊されてしまった。残された記録によれば、京都の桂離宮に匹敵する建造物だったという。地域の残念な歴史である。

横須賀御殿説明板

万歳に話を戻そう。横須賀御殿で、お殿様を楽しませようと地元の農民が万歳を演じた。法華経万歳を演じるわけにもいかず、めでたい内容の地割万歳を演じた。そこでおほめの言葉を賜る。

以後、地割万歳を「御殿万歳」と呼ぶようになったという。のちには、農民が税の代わりに御殿万歳を奉納したという伝承もある。

これは東海市に伝わる由来であるが、御殿万歳は、前述したように、江戸時代後半の天保年間(一八三〇〜一八四四)に確立したものである。横須賀御殿が世から消えたのは江戸時代前半であって、時代が合わない。

代わって有力なのが、台詞が「柱を立てる」など建物を造っていく様子を表しているので、御殿万歳と呼ぶという説である。正式な研究書はほとんどそちらをとっているが、横須賀御殿が命名に関係しているのは、一部否定できないと思われる。

いずれにしても、現在東海市に残る万歳は、述べたようにすべて御殿万歳である。保存会は、太夫を中央に両側に奇数。合計五人か七人、場合によっては九人で万歳を演じる。門付万歳は、現在表向きは言祝ぐ人がいない。

では三曲万歳はどうであろうか。

触れたように知多八幡(寺本)と横須賀、養父(藪)は隣同士である。文化交流も多い。万歳全盛期には、共に門付の旅に出た。知多側が季節を問わない御殿万歳や芝居仕立ての三曲万歳を始めた江戸時代末期に、同じく三曲万歳をやる集団が出た。「〇〇社中」と称していたその集団は、知多側と競って、歌舞伎芝居仕立ての三曲万歳を演じた。

明治になり、「三曲万歳」という言葉が定着してくる。繰り返すが、三曲とは、鼓、胡弓、三味線の三つの楽器を持つ三人が、音曲を奏でるもの。それが前振りや合いの手となり、歌舞伎の一部をパロディ化して演じる長い芝居へと進化した。うちに三曲万歳と言えば、歌舞伎のいいとこ取りをした芝居万歳、ということで定着する。のちには、年間を通して演じられるようになる。

「そろそろどこかで三曲万歳打って、一儲けするか」という会話が交わされる。ねらいをつけた場所で興業され、なにがしかの利益を得た。テレビがなかった時代である。活動写真と同じような感覚で、人々は娯楽を求めて万歳を鑑賞に来た。演じる側も、正月だけでなく年中できる金儲けの種であった。あちこちに三曲万歳を演じる社中ができ、それぞれが競って、独自に芸を磨いた。

しかし、その歴史にも終わりが来る。テレビの普及とともにニーズが減り、紙芝居などと同じ道をたどった。芝居を興行しても客が思ったように入らない。役者も高齢化し、衣装・小道具は劣化する。やがて櫛の歯が欠けるように、当たり役者が一人一人と姿を消していく。いつしか三曲万歳は廃れていった。

実は東海市南部では、今もごくまれに三曲万歳も演じられることがある。残念ながら内容は、東海市自身が持つ御殿万歳のレベルと比較できない、評論するに値しないものであるという。尾張万歳保存会側の本音を言えば、あの程度の芸を客に見せてほしくはない。

この著の主人公北川正己は、他の地区の万歳について語るのをよしとしない。けれども、東海市に残る万歳について、御殿万歳はその芸を大いに評価しているが、三曲万歳公演については、少し残念な気持ちを持っていた。

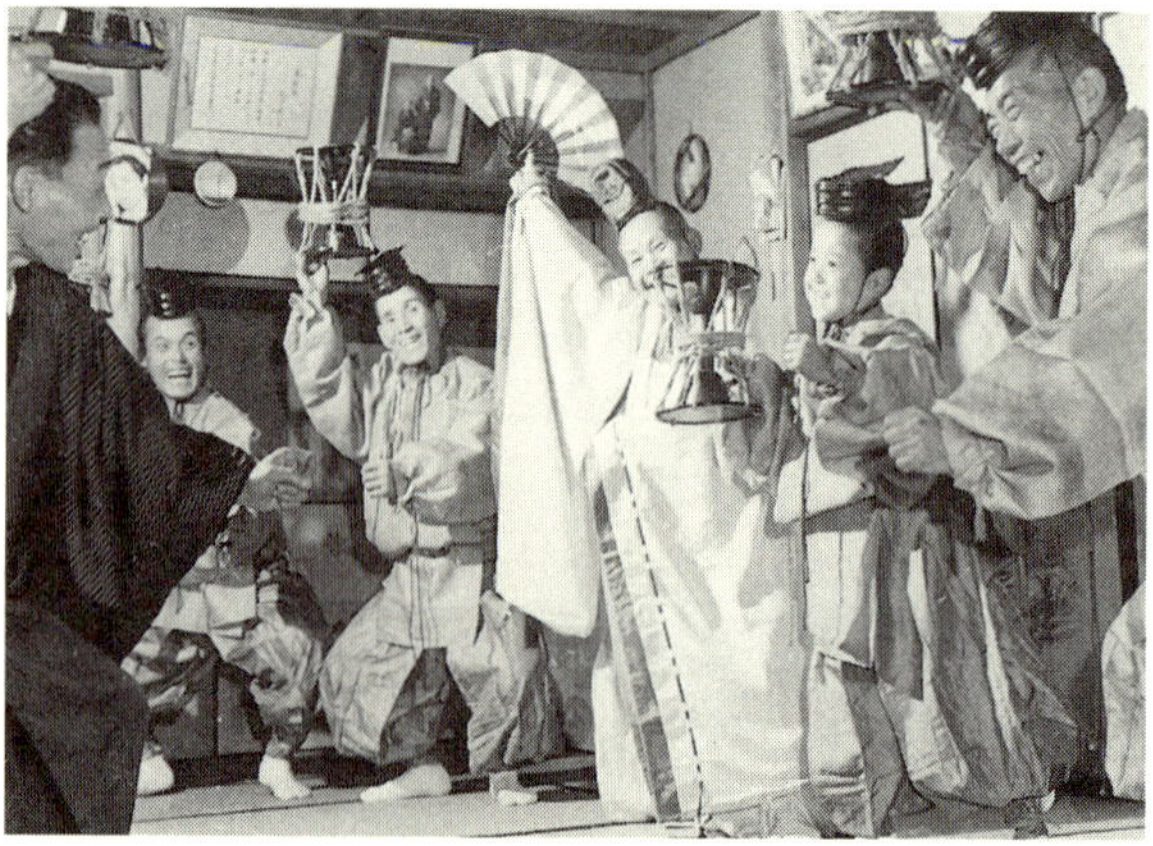

魚幸２階で万歳の稽古（昭和25年頃）

家元を継ぐ（一）

佐布里梅林で父正一、万歳を演じる（昭和初め頃）

前述したように、父親北川正一は四代目長福太夫、北川幸太郎を称していた。

実は北川幸太郎というのは、三代目長福太夫の本名であった。帝京平成大学の万歳研究によれば、この三代目北川幸太郎が、大正一二年（一九二五）に東海市横須賀からこの地へ転居。同時に北川長福太夫、つまり尾張万歳家元を初めて名乗って、尾張万歳を確立したとしている。正己から言えば祖父に当たる。

右・祖父北川幸太郎

三曲万歳の北川社中を作り上げた人物だったので、四代目も五代目も、わかりやすいように北川幸太郎を名乗った。というよりも、周りが長福太夫を「幸太郎さん」と呼んでいたことから自然にそうなってしまった、という方が正しいらしい。

ちなみに一代目長福太夫の本名は仁左エ門、二代目は幸助といった。東海市南部、当時の横須賀村で万歳を演じていた。もっとも彼らは、一代目二代目という立場を意識していなかった可能性が高い。

祖父幸太郎の話に戻ろう。

残念ながら、正己が物心ついたときは、すでに万歳を演じることはできなくなっていた。脳梗塞の症状が現れ、言葉が少しおぼつかなかった。歩くことはできたものの、会話がうまく成立しない状態だった。店の奥の部屋で寝ていて、家族が代わる代わる介護していた。

正己も、太平洋戦争末期になり近隣に空襲警報が鳴ると、この祖父をリヤカーに乗せて防空壕へ運んだ覚えがある。避難する壕は、地域の人ならみんな知っている場所だ。後に正己が出入りすることになった丘の上の料理旅館の脇に、三〇人ほどが避難できる大きな横穴が掘られていた。

今から思えば、爆弾の直撃を受ければひとたまりもないような簡単な穴だった。警報が出ると、妹三人と生まれたばかりの弟、体の自由が利かなくなった祖父の合計五人を防空壕へ連れて行くのが、少年北川正己の仕事であった。

右・二代北川幸助

何度か運んだ。幸いにして八幡には、焼夷弾も含め爆弾は一発も落ちなかったが。

さて祖父幸太郎、万歳で活躍した噂は正己もよく聞いた。地元の興業はもちろん、門付にも毎年出かけ、行く先々で好評を得た。まさしく名人だったという。

大正一四年、ＮＨＫがラジオ放送を開始したとき、東京愛宕山の放送局まで招かれて尾

徳川園にて右端正一、その左幸太郎（昭和初め頃）

張万歳を演じた。反響も大きく、元号が昭和に代わってからもほぼ毎年、NHKで三〇分ほどの正月ラジオ番組に出演した。現在その録音は、残念ながら地元知多には残っていない。

万歳以外にも、尺八の名手だったという。だれもが、「あんなに上手な人はいない」と口を揃えた。三曲万歳の幕間で演奏したこともあった。加えて、当時目新しかった「手妻《てづま》」も演じた。手妻とは手品のことである。幕間にお客を飽きさせない工夫をしていたのであろう。どんな出し物をやったか詳しい記録は残っていないが、すごく好評だったという話は、いろいろな人から聞かされた。常に客のことを一番に考える、芸人の鑑《かがみ》というべき人物であろうか。今でも、家の箪笥《たんす》の引き出しに、トランク一杯の古ぼけた手妻道具がしまってある。

昭和二三年六月。祖父北川幸太郎は、回復することなく亡くなった。時に正己は一四歳、父正一は四八歳であった。

正一が、四代目長福太夫を受け継ぐ。正一は、万歳に加えて家業の鮮魚業にも精を出した。

祖父、幸太郎の時代は、特に魚屋だけに専念していたわけでなく、農作物も売っていた。青物市場が近くにあり、そこから仕入れた野菜なども店先に並べていた。それが、正一の頃から鮮魚業だけになる。

店での販売ばかりでなく、自転車に海産物を積んで近くへ行商に出かけてもいた。軽妙な語り口で魚を売る北川正一は、地域の人気者だった。中学校を卒業した正己も、自転車に乗って行商に付いていったこともあった。

昭和中頃の三曲万歳

収入は安定していた。かたわら北川正一は万歳の腕を磨いた。彼の時代に、三曲万歳は第二のピークを迎える。明治時代に完成した歌舞伎万歳、ここで言う三曲万歳の神様であった。

正己が改めて父正一を思い返せば、普段は無口な人という記憶が強い。祖父幸太郎と同じく、芸はすばらしかったと誰もが言った。跡を継いですぐに、「（芸は）先代と肩を並べた」と絶賛された。残した逸話は枚挙にいとまがない。万歳はもちろんのこと、道具や衣装にも造詣が深かった。

こんな話が残っている。お嫁入りがあると、近くの美容室が花嫁衣装の着付けを頼みにきた。美容師が着せれば、たいていは一、二時間で帯がゆるんでしまう。花嫁が中座し、着付けを仕直さなければならない。ところが正一が着せると、丸一日たってもぴしっとしていたという。何か、着付けの裏技をつかんでいたのだろう。

「元気なうちに、あの極意を覚えておきたかったねえ」

正己は懐かしんで話す。

残しておいて欲しかったのは、着付けの秘訣《ひけつ》だけではない。持っていた芸も、ぜひ後世に伝えるべきものであった。正一も、自身の病気に気づいた時から同様のことを思ったらしい。頭の中に詰め込んである万歳のすべてを、つれづれノートに書きだした。

足かけ二年。気が向いた時に鉛筆を滑らす。もともと万歳とは口伝《くでん》するものである。歌舞伎や落語などの古典芸能がほとんどそうであるように、向かい合って、あるいは実際に舞台で脇に立ち教える。父、正一にすれば、自分の寿命が尽きると、我が子正己には、万歳を無理強いていない。万歳という奥深い芸能が、とたんに途絶える可能性もある。

正己も父が病に冒され始めた時期には、万歳に少し関わってはいた。青年団でやるの三曲万歳が数演目できた。あとは聞きかじった門付万歳。

しかし、東京で年に数日やる門付万歳は、全部演じてもせいぜい五分。その程度なら、上京する汽車の中で覚え練習することができる。何せ、鈍行で行けば九時間の長旅であった。互いにおしゃべりしているうちに、適当に仕上げられる。間の取り方さえ間違えなければ、演じるに支障はない。いきおい、正己には万歳を真剣に学ぼうという気持ちが欠けていた。

　昭和三六年七月。父正一が書き綴ったノートは、合計五冊になっていた。未完のまま、正己は父の死に直面する。ある程度は分かってはいた。正月に倒れてからも、何だか遙か彼方のこととして、「長福太夫がいなくなる」ということをぼんやりと考えていた。実感がなかった。

御殿万歳を練習する。中央・父正一、右端・正己
（昭和30年頃）

　うち、葬儀が済むか済まないかのうちに、父の取り巻き何人かが正己に耳打ちしてきた。

「お前が継ぐのが一番だぞ」

「やるしかないわな」

　彼らは、自分の仕事が暇なときは、正己の家へ毎日のようにやってくる。店先で一日中世間話をする時もある。魚屋「魚幸」は、彼らの心地よい居場所だった。一方で、尾張万歳に対する思い入れも尋常ではない。万歳という文化を何とかしたい、次の世代へ残したい。切実な気持ちを誰もが持っていた。

門付万歳　右・正己（平成初め頃）

残された正一の妻、つまり正己の母にも、「わしらが教えるから受けてくれや」と懇願する。母の名前は美津尾《みつお》と言った。県内の海部《あま》郡立田村（現在の愛西市）出身で、知多の名家に、いわゆる奉公修行に来ていて正一と知り合ったらしい。こういった事情は、案外他人の方がよく知っていて、長男である正己もよく承知していなかった。葬儀に際し、初めて具体的ななりそめを聞かされた。

さておき、家元を継ぐには、母美津尾も正己も戸惑いがあった。二人して父の仲間たちに、こうも言った。

「長福太夫の名前は、あなたたちにあげます。どうか継いでやってください」

本音だった。しかし、途切れることなく家にやってきてはこう話していく。

「決心したかや」

「子どもが受けるがええんだ」

こうした場合、血筋を守るのが、芸能を絶やさないために最善であることを、周りは承知していた。正己たちもそれはわかっていた。だが、本当に自分にできるのか。その間も、次から次に懇願に来る。正己が首を縦に振るのに、一週間はかからなかった。

決心した。そうなると、さらに不安な気持ちが溢れてきた。何よりも、自分には万歳に対する知識がない。経験もない。何せ数百年の伝統を持つ芸能の家元である。最も芸に秀でた者が就く立場である。自分にはそれがない。知っている演目も数本である。三曲万歳、歌舞伎の台詞など、青年団で演じた自分の部分しか承知していない。門付も適当だった。すべてが知らないことばかりだ。やっていけるのか。今から覚えると言っても、三〇歳近い頭の堅くなった「おじさん」が体得することができるのか。

触れたように、当時北川社中以外にもいくつかの万歳グループがあった。他の社中は、北川正己が万歳に距離を置いていたことを知っている。

「正一が死んで、北川社中は終わりだぞ。正己は万歳よーやーせん」

そう言っているという噂話も聞こえてきた。いかにも癪《しゃく》である。男気ももたげてきた。ところが、生活に対する不安もあった。直前に、正己は家族が増えていたのである。

父正一は昭和三六年七月二五日に亡くなった。その五日前に、正己夫婦に長女が生まれている。子どもができ、肩に掛かる責任も増している。結婚したのは二年前。相手は幼なじみの妹だった。

近所の不動産屋に同級生がいた。小さい頃からよく遊び、妹とも自然に顔を合わせていた。二人は成長し、やがて青年団の行事で再会する。共に地区の支部長を務めていた。「あれ、大きくなったね」から交際が始まり、やがて恋愛、結婚へ。

魚幸前で妻美智子と

正己は二七歳、妻美智子は二四歳であった。生涯の伴侶を得た北川正己はますます生活に張りを持つ。そして二年後に子どもを授かった。家族を養うため、家業にしっかりと励む必要がある。

子どもは、その後もう一人できる。二人とも女の子であった。万歳の世界では「残念ながら」がつくが、二人とも女の子であった。万歳は、もともと神に奉納するものである。女性は参加できない。正己は二人の娘に万歳を教えようと思ったこともあった。しかしすぐ断念した。ちょうど、父正一が三人の娘に万歳を教えようとは思わなかったように。

現在、上の娘は神奈川県の大学で准教授として教鞭を取っている。妹の方は京都へ嫁いで、主婦業に専念している。

正己の兄弟に話を移せば、下へ女の子が三人続く。昭和八年生まれの正己に次いで、一二、一五、一七年の生まれ。万歳に関わることなく、ともに近所に嫁いだ。下に一一歳年の離れた弟ができる。昭和一九年、太平洋戦争末期に生まれた弟、名前は勝久。

昭和三〇年、正己が東京で門付万歳デビューしたころは、まだやんちゃ盛りであった。少し成長したのち、若年ながら好奇心があったのか、友だち五、六人と「万歳を習いたい」と言いだした。病いに冒され始めていた父が直々教える。やがて父の死。その後は、正己が教えた。

「教えることは二度習うことである」とかいう。正一が亡くなったとき、勝久は一七歳であった。正己が、父やその取り巻きから教えてもらった万歳を、年の離れた弟たちに教える日々が始まった。

「中途半端が、一生懸命に教えていましたよ」

門付万歳を演じる老万歳師（昭和後期）

正己は目を細めて話す。今、尾張万歳に残った一一人のメンバーの中には、このとき正己が教えていた弟勝久と、その仲間も入っている。

いずれにしても、五代目長福太夫を継ぐことになった北川正己の、修行の日々が続いた。目当ての名人の家へ通い、家に来た年長者から口伝され、毎日毎日必死に学んだ。台詞を頭の中に詰め込んだ。続けて、弟たちに教える。家業の魚屋に専念しないで家族を養えるかという不安は、いつしか吹き飛んでいた。

正己自身も、心の中のどこかに、「万歳なんて古い」と思っていたところがあった。近くの工事現場で働いた方が、現金収入が確実に望める。もともと万歳などは、農閑期の副業だ。ほかに確実な収入があるなら、「黒鍬稼ぎ」や「鍛冶」と同じく、この地区から消えていくものなのだ、そこまで思っていた。しかし万歳に関われば関わるほど、こう思い始めた。

「古い、新しいではないんだ。ここ知多八幡は尾張万歳のふるさと。自分が投げ出すわけにはいかない」

もし今後生活に苦しむ時が来ても、この奥深い芸能を捨てることは絶対にできない。正己は強い決意を持った。不安など感じている暇はない。

〈尾張万歳の起源〉

「万歳とは千秋《せんず》万歳のこと」と古書にある。千秋万歳とは、祝詞を唱えて舞う平安時代の宮中の習わしの一種だった。括《くく》りとしては陰陽道《おんみようどう》に属し、公家の土御門《つちみかど》家の支配を受けて興業していた。それが各地に伝播し、その土地土地の万歳となったという。

では尾張万歳とはどのように起こったのか、言い方を変えればなぜこの知多八幡という地域に残ったのか。

最もよく言われているのは次の説である。今から七〇〇年ほど前、鎌倉時代のこと。

現在名古屋市東区（旧愛知郡矢田、さらにさかのぼれば旧山田郡木賀崎《きがさき》）にある長母《ちようぼ》寺。中興の祖である無住国師《むじゆうこくし》が、当時この寺に仕えていた親子に、法華経の言葉で正月を言祝《ことほ》ぐ万歳楽を残した。この親子の次男、徳若が、仲間と共に万歳楽におもしろく節付けをし、長母寺領内を回るようになったという。

長母寺領は、大高（名古屋市緑区）、藪《やぶ》（東海市養父《やぶ》町）、寺本（知多市八幡）にもあった。

長母寺本堂

その近辺に必然的に残り、寺本のものを地域の農民たちが伝習して尾張知多万歳なったという。簡単にいえば、尾張万歳は七〇〇年の歴史を持っていて、尾張のあちこちに伝わり、うち知多のものが平成の現在に残ったということである。

名古屋市東区の長母寺を訪ねてみた。

庄内川の支流、矢田川左岸（つまり南側）の小高い丘の上に、この古刹《こさつ》はあった。現在周りはマンションや商店がすき間なく建ち並んでいる。典型的な市街地である。

堤防沿いのアスファルト道を進むと、公園内のテニスコート過ぎに、長母寺が静かに佇《たたず》んでいた。木々が茂り、静寂が広がる。都会の中にある異空間である。大きな本堂の脇には、鐘楼や黒壁の庫裡《くり》もある。敷地内、矢田川に面した場所には、墓地も広がっていた。本堂は、明治二四年（一八九一）の濃尾地震で倒壊したのを、三年後に再建したものだという。

いかにも霊験あらたか。静まりかえった境内は、様々な木々が生い茂る。大木が少ないのは、昭和三四年（一九五九）の伊勢湾台風でほとんどなぎ倒され、その後の植林だからとのこと。確かに、地形的には強風を受けやすい場所である。

耳を澄ませば、遠くに雑踏《ざっとう》が聞こえる。隣の木ケ崎公園から、テニスボールをラケットで弾く音が響く。

訪れたのは、寒さ厳しい日であった。敷地内を巡ると、川越しに遥か雪を被った御嶽山や恵那山がくっきりと見える。何百年前の無住国師もほとんど同じ景色を眺めたに違いない。寺を置くにはもってこいの場所である。変わったのは周辺の文化だけ。

清掃作業中の住職に、お話を聞くことができた。

尾張万歳の由来については、言い伝え通りだと思うとおっしゃる。そのことを伝える古文書等も存在している。宝永四年（一七〇七）の写しによる「尾州木賀崎霊鷲山 長母禅寺 開山無住国師略縁起」にあるという。

のちこの書を紐解《ひもと》けば、「有助といえる者二子あり 兄を有政といい 弟を徳若と名付く。父子ともに 庭の掃除なんぞをして世を渡りけり。弟徳若に 法華経の文字にて 正月の寿を授けられたり これを万歳楽という。これ万歳の始なり」という一文が読める。無住国師が、法華経の普及と貧農の有助父子の生活の足しにするため、万歳を授けたという説の出所である。

一方、無住国師自身が書いたものは、『沙石集《しゃせきしゅう》』を始め、数多く残っている。その中に、万歳起源に関する記述は読み取れない。しかし、すでに室町時代には、長母寺が万歳の発祥地であると伝承されていたというので、言い伝えに間違いはなさそうだ。当時は『法華経』のような厳粛な言祝ぎが中心であって、今のような滑稽な万歳とは一線を画すものだった。

住職から、そのように話していただいた。

話は続く。最大一三〇〇石を数えた寺領は、秀吉の太閤検地で散逸する。直後には、寺も荒れ果てて無住の時代もあった。再び復興する人がいて、何とか今はこの状態である。その後、自分の祖先が代々お寺を守っている。今は散逸したが、かつての寺領（寺本、味鋺《あじま》、藪など）では、間違いなく万歳という芸能が残っているから、ここ（長母寺）が万歳発祥の地であることと疑いようがない、と語られる。

落ち着いた口調で語られるお話は、不思議な説得力があった。改めて見渡せば、掃き清められた境内は、まるで京都か奈良の名園のようであった。伝統と格式が感じられる寺である。宗派は、臨済宗東福寺派だそう。

無住国師について調べてみた。歴史に残る大人物だとわかった。まつわる伝説がいくつか生まれても、何ら不思議ではない。もともとは、平家物語などで敵《かたき》役として登場する梶原景時の子孫だそう。流れて尾張国長母寺へたどり着き、中興の祖となる。国師は同時に、天台宗であったものを臨済宗に宗旨替えした。

言い伝えでは五〇年も寺に留まり、多くの書物を残したという。書物は今も多く現存している。寺には、国の重要文化財になっている国師の座像も安置されている。

この尾張万歳起源は、広く語り伝えられており、ほとんどの史料はこの説をとっている。万歳そのものは、知多市の北隣、東海市南部の横須賀・養父（藪）地区にも残っている。まとめて尾張万歳、もしくは知多万歳といわれているだけあって、芸の内容は酷似している。長母

無住国師座像

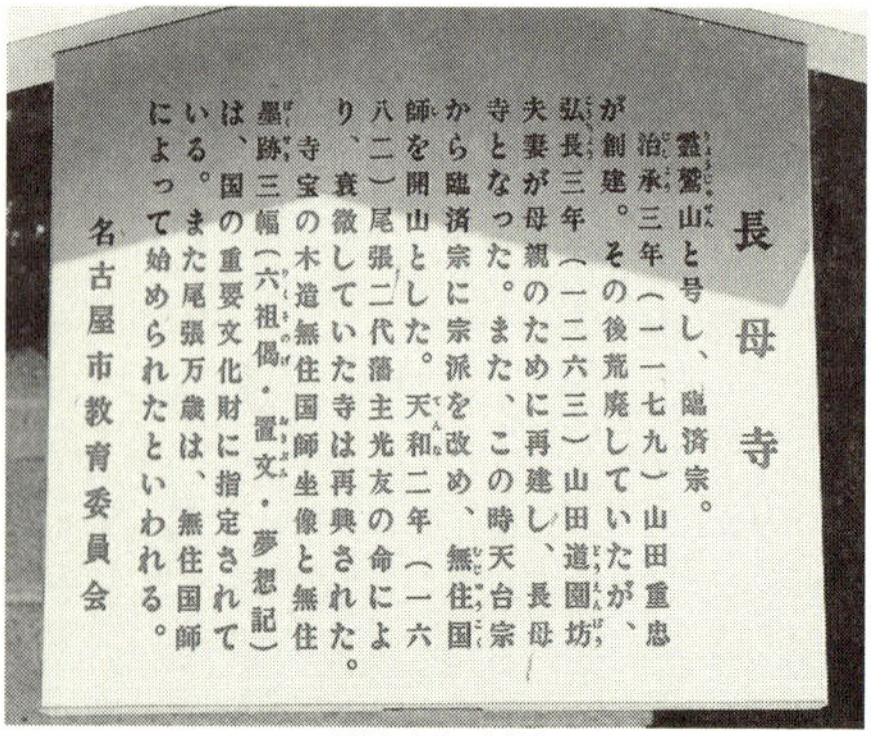
長母寺
霊鷲山《りょうじゅせん》と号し、臨済宗。
治承《じしょう》三年（一一七九）山田重忠
が創建。その後荒廃していたが、
弘長《こうちょう》三年（一二六三）山田道圓坊《どうえんぼう》
夫妻が母親のために再建し、長母
寺となった。また、この時天台宗
から臨済宗に宗派を改め、無住《むじゅう》国
師を開山とした。天和《てんな》二年（一六
八二）尾張二代藩主光友の命によ
り、衰微していた寺は再興された。
寺宝の木造無住国師坐像と無住
墨跡《ぼくせき》三幅（六祖偈《ろくそげ》・置文《おきぶみ》・夢想記）
は、国の重要文化財に指定されて
いる。また尾張万歳は、無住国師
によって始められたといわれる。
名古屋市教育委員会
長母寺案内板

寺の寺領が藪にもあったから、話に矛盾はない。

書き残されたものは、いつの時代もつい一人歩きしてしまうことが多いが、ここでは疑う余地はないだろう。しかし、三河万歳と起源を同じとする説では、まったく違う伝承が残っている。さらに長母寺起源説は、万歳を格式高くするため、近世になって作られた伝説の類であると推論する研究者もいる。

起源の話は、次の章でも触れたい。

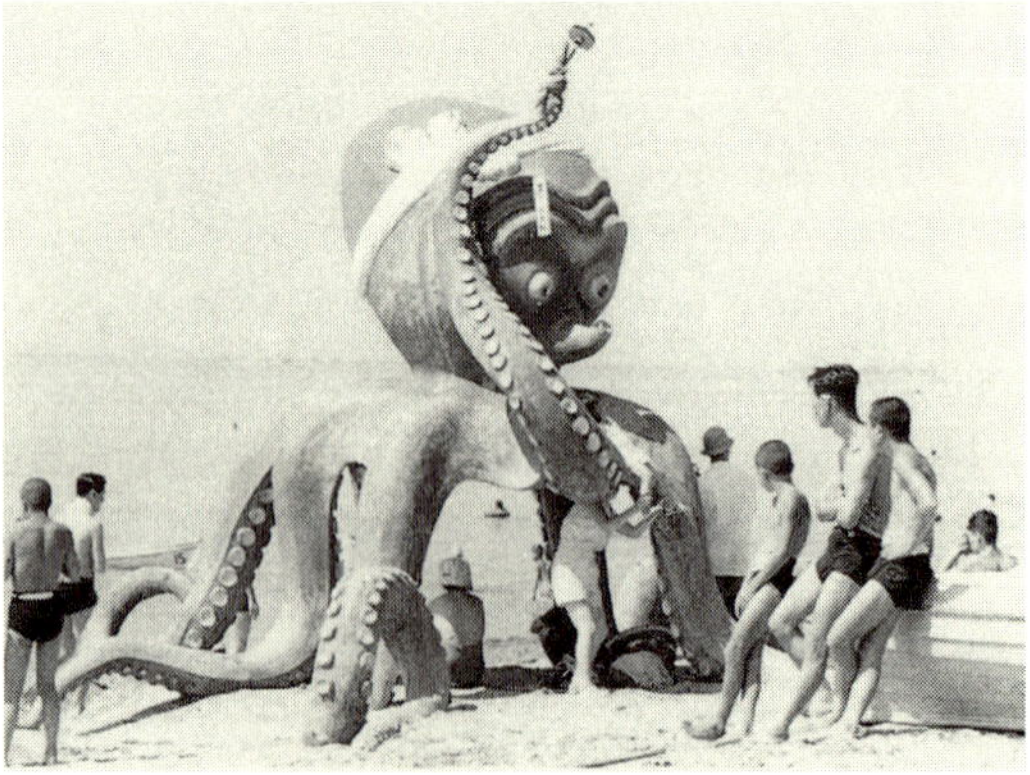

長浦海岸ターちゃん（昭和中頃）

家元を継ぐ（二）

埋め立て前の知多海岸

父であり師である正一を亡くした正己が、万歳を習うについて目星をつけた人物がいた。同じく名人と呼び声の高かった阿知波嘉平治《あちわかへいじ》という、父より少し年長の人だ。

八幡本町通り、魚屋「魚幸」から少し南へ下ったところに、古見《こみ》という集落がある。名鉄の駅があり、かつては駅のすぐ西から海岸が広がっていた。夏は、砂浜が海水浴場になる。駅の反対、つまり東側には商店街が並び、脇には別荘群もあった。そのままに山側へ上がると、昔からの農家が続く。半農半漁の、活気ある集落だった。

現在の新舞子マリンビーチ

埋め立てが進んだ今、この駅前に海水浴場があったと言っても、とても信じられない。年配の方なら、「ああ、大きなタコのあった辺りね」とうなずく人もいるだろう。古見駅から南、名鉄の各駅前に整備された海水浴場が並び、真夏の休日はそれぞれ海水浴客でにぎわった。古見は名古屋方面から最も近い手頃な海水浴場で、人気も高かった。駅でいうと一つ南の長浦海水浴場には、地元に大蛸伝説があり、浜辺にコンクリート製の大きなタコが作られていた。名前は「ターちゃん」。登ったり、つかまって遊んだ記憶のある人は、今でも結構いる。

さらに下ると新舞子海水浴場。昭和の中頃まで東京大学の水族館も隣接されていて、ここも憧れの海水浴場だった。現在は、すべて埋め立てが砂浜を消し去った。（新舞子は沖に作られた人工島の砂浜が整備され、名古屋から身近な海水浴場として、現在再び人気を集めている）

話を戻すが、正己が万歳の手ほどきを受けに行った阿知波氏は、古見の海岸端で海の家を開いていた。当たり前だが夏の間だけだ。普段は漬け物屋を営んでいて、都合のいいことに、家を入ったすぐの三和土《たたき》が大変広かった。ここが練習場所になる。

週に二、三回は必ず出かけた。正己は自転車にまたがり、暗くなってから押しかけて、教えを請う。大きな土間に筵《むしろ》をひいて、その上で動きの指導を受ける。正己は必死だった。何とか、長福太夫の名に恥じない芸を身につけたい。それも、この人たちが元気なうちに、ぜひとも父に負けない万歳を、逆にこの名人たちに見せてやりたい。そう念じていた。

正己は、他人には想像できない不断の努力を続けた。

埋め立ての話を繰り返すが、この頃、知多の海岸に工業化の嵐が襲いかかっていた。昭和三〇年代後半である。名古屋を中心とする、「中京工業地帯」と命名された新しい工業地域へ、高度経済成長の波がやってくる。遠浅の海岸が埋め立てられ、工場が次々と作られる。

波は北から押し寄せてきた。ひとまとめに、「名古屋南部臨海工業地帯」と呼ばれている。名古屋市港区から、すぐ北の東海市へ埋め立てが着々と進んだ。

海苔養殖の網が広がった海岸（昭和初め頃）

海苔づくりで働く人（昭和初め頃）

前述したが、知多市の北隣の東海市に、聚楽園《しゅうらく》という海岸があった。名古屋の富豪が、ここを一大観光地にしようとして、昭和の初めに大きな大仏を作った。

完成当時は、県内のそこかしこから人々の訪れる名勝であった。伊勢湾の対岸にあたる四日市や桑名からも、木造船に乗って大勢の見学客がやってきた。ここも工業化の波に飲み込まれ、大仏も大製鉄所の陰にかすんでしまった。（現在東海市が立派に再整備し、その名も「しあわせ村」として、周辺住民の憩いの場所となっていることも触れたとおり）

埋め立てはどんどん南下する。浜小根の砂浜も飲み込む。

知多の海岸は、昭和の初めから海苔養殖も盛んであった。木曽三川の真水が正面から流れ込み、豊かな汽水域を作っていた。良質の海苔が海岸一帯で作られた。砂浜は夏は海水浴、真冬は海苔養殖場として、浜に関わる人の生計を支えていた。関わった人々にとって大変効率の高い収入を生む宝の海であった。

もちろん冬に現金収入の見込めない人々が、万歳などの出稼ぎに出ていたのは、述べたとおりである。

ちょうど、正己が古見の阿知波家に押しかけていたのが、埋め立てが始まった時期であった。正己は万歳を熱心に習い続け、その芸をおおむね手に入れる。もともと御殿万歳も、父の存命中に少しは教授されていた。正己は「才蔵」なら演じることはできた。台詞も諳《そら》んじられる。しかし御殿万歳では、才蔵は受け手である。対し中央に位置する「太夫」は、未知の世界であった。それを学ぶ。嘉平治氏も熱心に教えてくれた。

阿知波家でもちょうどこの頃、海の家が経営できなくなっていた。何せ、海岸がなくなるのだ。海水浴はできない。冬に行われていた海苔の養殖も、風前の灯火だった。

あちこちで漁業交渉がなされ、大金が飛び交う話も聞こえてきた。当然ながら、正己の家業である鮮魚業にも大きな影響を与える。

加えて、埋め立て工事の現場で働けば、出稼ぎに出かける必要はない。家から通えるところで確実で高い収入が約束される。漁業の保証金で、懐を潤した人も少なからずいた。副業に万歳などやらなくても済む。万歳を始め、出稼ぎ文化全体の存続の危機でもあった。

受け入れる側も変わってきた。高度経済成長は、地域の暮らしだけでなく、日本の生活そのものに大きな変化をもたらした。個人主義が広がり、加えてテレビの普及も多大な影響を与えた。越後獅子などと同じく、門付文化がこの時期に急速に衰える。

さらにこの頃、首都圏を中心に、家に押しかけては無理やり金をふんだくる「暴力獅子舞」なるものがはびこり、門付そのものが忌み嫌われる傾向にもあった。東京都内各家の玄関に、「押し売り・獅子舞い　お断り」という張り紙がされる時代となる。

門付が縁起物として大切にされる風潮が廃れ、家に金をせびりに来る「やっかいな輩《やから》」という認識が強まった。万歳だけでなく、門付全体がほとんど途絶えた。以後は、尾張万歳の出番も、ホテルや記念式典などでの演技が中心となった。時間的にも、御殿万歳が要望されることが多くなる。

めでたい内容なので、様々な慶事に呼ばれた。名の由来にもなった新築祝いはもちろん、結婚式にも声がかかった。会社の創立記念日パーティや、建物の改築記念にも頻繁に招かれた。たいてい始めに門付万歳をやり、五人か七人で御殿万歳、次いで胡弓、三味線、鼓の三曲による音曲万歳を演じて終わる。おおむね四〇分。対して結婚式では、御殿万歳だけをやる。

父正一の死後数年、昭和三〇年代末までは、三曲万歳もほんの数回は行った。堀切の脇に残っていた寺本座や、近隣の寺の大座敷などでやった。神社の境内に、にわかの芝居小屋を作り、演じた。ある程度は受ける。しかし、長い時間かけて行う三曲万歳は、次第に人々の興味も減っていく。述べたように、ちょうどテレビが急速に普及しだした時期だ。紙芝居が廃れたのと同じように、三曲万歳は客のニーズがなっていった。

使わなければ衣装や小道具も古びていく。同時に、年配の方々が、弱ったりあるいは亡くなったりして徐々に欠けていく。三曲万歳、「あの演目のあの役」を演じる人が、だんだんいなくなっていく。ますます演じるについて、支障が出てきた。

それよりも、慶事に喜ばれる御殿万歳が公演の中心となった。正己も、三〇代頃は年間に七〇回以上も御殿万歳を演じた。スケジュールが合えば絶対にいやとは言わない。頼まれたところで、要望に応じて行う。

お寺の法要にも呼ばれた。主に県内が中心だが、奈良薬師寺大講堂の立柱式《りつちゅう》、併せて三年後の落慶法要（平成一五年四月一日）で御殿万歳を奉納したことは、正己自身の生涯の誇りとなっている。

知多地方で大変信仰の厚い滋賀県多賀大社には、春の「お田植え祭り」に、足かけ五〇年にわたり参加している。これもすごい栄誉だ。

その他、頼まれた場所で粛々と演じる。近隣の温泉地などへ出向き、ホテルで一晩中演じたこともある。

今はなくなってしまった三河三谷温泉の老舗旅館。まずは大広間で演じた。宴会客は、大変珍しいものを見せてもらったと感激した。聞きつけた隣の宴会場が、「うちでもやってほしい」。演じる。続けて、その隣の宴会場でも「やってほしい」。駆け足で四回披露したこともあった。

万歳そのものは、実入りがそんなに多くないと述べた。ところが、こうした臨時公演はいい、いい、おいしかったという。交通費や一泊分の食費は、初めの公演料に組み込まれている。次々と頼まれれば、それだけ収入が確実に増える。

この老舗旅館が閉館する時も、記念にも呼ばれた。

さて上演。幕が上がり正己が会場を見渡せば、大宴会場の中央に、当時政界のドンと呼ばれた人物が座っていた。取り巻き連中も異様な雰囲気を醸《かも》し出している。正己は、というよりも尾張万歳衆全員が縮み上がった。

演じ終わり控え室へ戻った正己、旅館の人から耳打ちを受ける。ドンが呼んでいるという。緊張してそばへ寄ると、「あなたの万歳は日本の財産だ。灯を消さないようにしなさい」と言葉を掛けられた。正己は、感激しながらも身がすくんだ。

御殿万歳（中央・正己）

蒲郡、竹島海岸にある有名ホテルにもたびたび出向いた。格式高いホテルであり、お忍びで見えた皇族の前でも演じたこともあった。ある時は、当時の皇太子殿下（現今上《きんじょう》天皇）の家庭教師として名をはせた人にも見ていただいた。直接声を掛けてもらう。若い正己は光栄に感じてホテルを後にした。

名古屋市内のホテルでもよく披露した。繰り返すが、スケジュールが合えば断ることはない。しかしながら、一晩に二回やるときは気が気でなかったという。着替えの時間などは考慮されていない。栄の中日劇場で演じた後、万歳装束のまま地下街を走り抜ける。いくら尾張万歳の地元とはいえ、行き交う人々が好奇の目で見る。あわてたのか、カバンを落として中身を散乱させた。この地方の言葉で、「ぶちゃけた」。通り行く人に謝りながら拾い集める。何とか押し詰め、そのまま次のホテルへ駆け込む。息を切らせながら、何事もなかったように万歳を演じた。

柳橋の大型中華料理屋でやったこともあった。続けて、名古屋城近くのホテルへ直行した。当時は評論家の舛添要一氏が、政治談義を行った後の会場に入って演じた。堅い講演の後で万歳とは意外な感じだが、もともと客寄せに招かれたものである。難しいことは考えず、無心に演じた。逆に、妙に受けた記憶がある。

先に、皇太子の家庭教師の前で演じたと書いたが、殿下が天皇に即位されてから、陛下ご本人の前で万歳を披露したこともあった。

平成三年（一九九一）一〇月、愛知県で「全国豊かな海づくり大会」が開かれたとき、県より依頼を受けて、ご宿泊の名古屋城西にあるホテルで演じた。選ばれた出し物は二つ、尾張万歳とマンドリン演奏であった。

正己は昭和八年生まれだ。今上陛下と同じ年である。依頼があったとき、感激し、緊張はしたものの、お会いできるのが何だか楽しみでもあった。

さて開演。間近に天皇皇后両陛下の姿があった。鼓動が頭のてっぺんまで響いた。政界のドンどころの騒ぎではなかった。まさしく背筋が伸びた。

御殿万歳を演じる。公演に備え、自費で新調した衣装が汗びっしょりになった。

想する。

「やっぱりオーラが出てみえましたよ」

珍しく横文字を使って、正己は振り返る。皇后陛下の優しいお顔が印象的だったという。万が一にも機会があったら、「私は陛下と同じ年です。妻の名も美智子です」。そう言葉を掛けようなどと思っていたが、とてもそんな雰囲気はなかった。正己は、そう懐かしく回想する。

次の日の新聞には、『御殿万歳お楽しみ』という見出しのもと、「緊張して声が出ませんでした。九〇点の出来です。陛下はにっこりほほえまれ、お優しい人柄と思いました」という北川正己の談話が載せられていた。

記事の切り抜きは、北川家の宝物として今も大切に保管されている。

話を戻すが、今では想像できないけれども、結婚式にもたびたび呼ばれた。元来縁起物である。新郎新婦の三三九度があり、誓いの言葉のあと尾張万歳の出番があった。祝い事であるから、披露宴ではなく式の中に組み込まれる。神前結婚式の中で尾張万歳をやることが、その当時の名古屋結婚式でのステータスシンボルだった。

現在こうした風習は廃れた。ここ数年、尾張万歳に結婚式での出演依頼はない。

かくして万歳興業も形を変えていく。門付の旅に出ることはとうの昔になくなった。正月が暇になる。歌舞伎芝居仕立ての三曲万歳とは、自然と疎遠になった。何よりやってほしいという要望がなかった。正己自身も、間隔が開いたことで、実演に不安もあった。昭和四〇年くらいまでは、ときどきだが「見せてくれんかね」という依頼はあったという。しかし、役者も欠けてきた。衣装や小道具も劣化していく。

正己も、「まあ、無理だがね」で通していた。家業の鮮魚業のかたわら、頼まれた場所へ出かけ、ひたすら門付や御殿万歳、三曲の音曲万歳を演じる。

びっくりするような、大きな収入は望めない。だが、これが家元の仕事なんだなと納得しながら万歳を続けた。気にかかるのは後継者のこと。しかし、何とかなるだろう。場合によっては、自分たちの代で、この芸能がなくなっても致し方ない。自分が『最後の万歳師』になっても、それはそれ。

現に日本全国を見渡せば、この数年のうちに滅んでいった芸能も少なくない。身近でも、かつてライバルだった尾張万歳社中や、〇〇太夫という名称が消えていった。

他の社中は、北川が捨ててからも、昭和五〇年頃までは三曲万歳を公演したことはあった。公民館や体育館などで、手作りの鬘や衣装を身に付け、正己も認める名人芸を披露していた。

しかし、その名人たちが次々と鬼籍に入っていく。万歳を演じることができなくなっていく。どころか、北川社中以外がどんどん消えていく。

尾張万歳家元を名乗るにあたって、かつては各社中間に「本家争い」もあった。昭和三二年に愛知県から無形民俗文化財の指定を受けるときも、「どこの社中が代表になるんだ」

という内部争いがあったという。

それも今は昔の話になった。いがみ合うにも、万歳を演じることのできる人が、つまり北川社中のライバルが消滅した。どうしようもない。どうにも止めようがない。できることは、今の自分たちが元気に万歳を続けることだけ。そう思っていた。

そうして、正己は三〇代、四〇代、五〇代を過ごしていく。

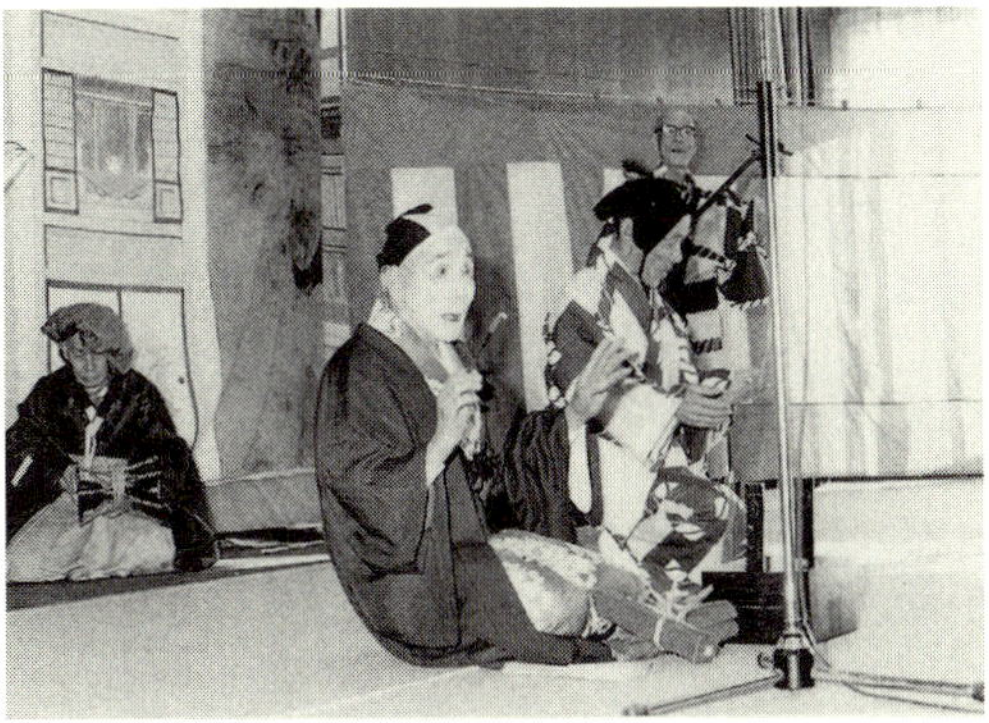

知多市の体育館で三曲万歳（昭和中頃）

〈門付万歳と法華経万歳〉

尾張万歳の取材を続けるうちに、筆者の頭に小さな疑問が湧いてきた。御殿万歳は後に書き綴るが、台詞がしっかりと残されている。つまり台本がある。尾張万歳の研究書には、基本五万歳の内容も、しっかりと記されている。三曲万歳の台本もいくらかは残っていて、それを書き残した書物も断片的にある。

では、門付万歳の台詞を書いたものはどこにあるのか。どの研究書を見ても、これが門付万歳であるという記述はない。取材を続ける過程で、筆者も門付万歳は何度か聞いた。それぞれの万歳師の口から流れるように出てくるが、よく思い返せば、長さも台詞も微妙に違うような気がする。

かつては、訪れた家の宗旨宗派や家柄などで五万歳を使い分けた。近代になって、店や家の軒先で、いわゆる飛び込みで演じるについては使い分けは不可能だ。たとえば法華経万歳をやるにも、その家の宗旨が法華経かど

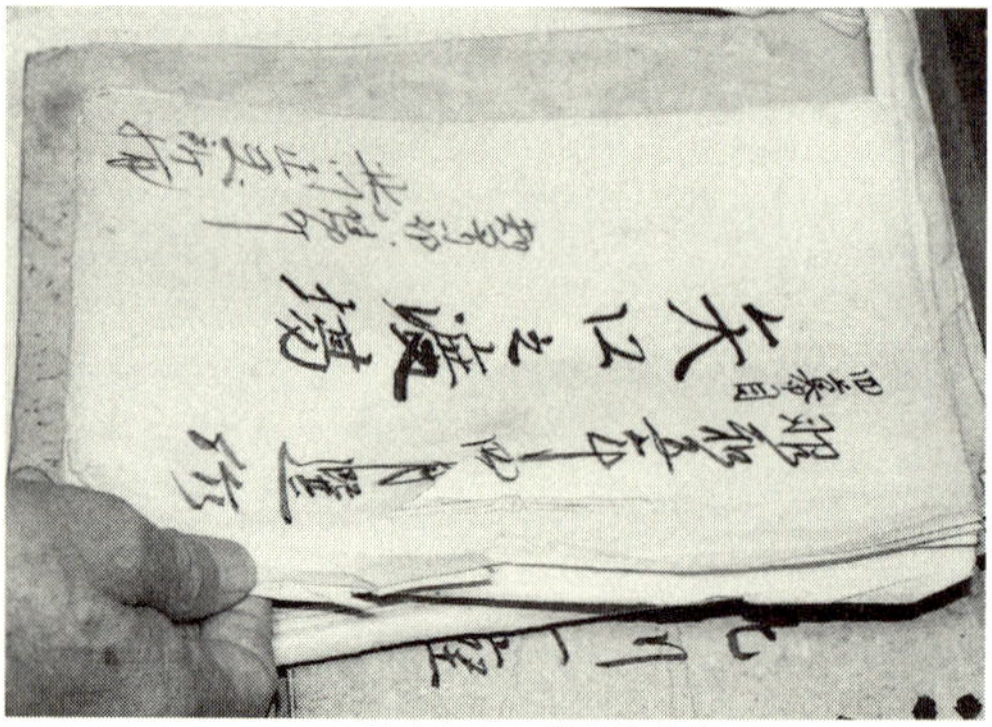
残された三曲万歳台本

うかは、何度も通わない限り把握することはできない。そこで、万国共通のネタとして演じられるのが門付万歳だった。そのことは理解できた。

ではいったい、門付万歳とはどんな台詞を連ねているのか。

尾張万歳保存会の方々に、この質問をぶつけてみた。答えは以下のようであった。

簡単に言えば地割万歳、つまり御殿万歳の「いいとこ取り」であるという。何度も触れたように、門付万歳は時間に決まりがない。店先で始めたが、反応がないとすぐにやめる。家人が出てきて心付けをいただければ、その時点で仕上げに入る。一分で終わることもあれば、五分たっぷりと演じることもある。

そうした状況から考え出されたアドリブの結集が、「門付万歳」であるという。もちろん、そこには熟練された「間」の妙技がある。ああ言えばこう返すという暗黙の了解がある。

普通は、始めに正月の飾り物、年賀の台詞などを並べる。あとは御殿万歳の台詞にある、めでたい言葉をまくし立てる。心付けが出た時点で、（心付けを渡すというのは、半分「追っ払う」「お引き取り願う」という意味もある）七福神を登場させ、万歳を仕舞う。

門付万歳は、太夫と才蔵のあうんの呼吸で成り立つ、まさしく上方漫才の精神を先取りしたものであると言える。極端に言えば、万歳師の数だけ、あるいはその場の設定により台詞が違う。したがって、万歳研究に関するどの書を見ても、門付万歳の台詞は書き綴られていないということだ。

北川正己が、あの時あの場所で唱えた門付万歳の台詞を改めてここで綴っても、逆に言えば意味がない。

では、五万歳の基本であった「法華経万歳」はどんな内容であろうか。興味を持たれる方も少なくないと想像するので、以下に書き出してみる。（長いので、半分ほど載せる）

家紋目出度く宝の君に　御殿作りの結構に
名案国土の法華の巻に　有空中論十五時に
昔　民帝の御時に　摩騰《まとう》、竺法燗《ちくほうらん》とや
人々これをしんだらりう　来る世の浄土のほとりには
百番訳して　始めて仏法弘めける
玄奘三蔵法師には　天竺へと渡らせて
大盤若の千の経　羅什《らじゅう》や竺法《ちくほう》、巨匠等が
波風静めんその為に　四百巻は竜宮浄土へ納め置く
残りの六百巻は　我朝へと越させける
この経は国々へと弘めける　泰国へは一千巻
西たら国へは三千巻　小路子《こうじこ》ない国へは四千巻
大場《だいば》国へは七十二巻　日本は我朝かしこくなればとて
華厳に阿含《あごん》、方等《ほうとう》、般若　所々の浄土へ三部の経
薬師の御経が十二巻　天台御経が六十巻

総て法華経二十八部に　七千余巻の御経を
しんとろりが竿でさす　十ぶんしづみが櫓綱をとり
けんのうじしんが梶をとり　八華の太夫が御縄をとく
百波の海を千歳楽や万歳や　漕いでのぼり候ける
安穏の海に待ちたる港　宝の御経の船が着く
ちゃんと着いて喜んだり　これぞ法華経八の巻にぞましまする

（中略）

風が吹けば宝風　火をたいても火難なく
蔦が生えても十万年　苔が生えても十万年
万年栄えて万歳楽　万歳楽が囃《はや》すれば
さこそこの御家は　千代も栄えて目出度けれ

これが、もともとの尾張万歳の基本、名古屋東区長母寺に起源を発する「法華経万歳」だ。尾張万歳師なら、もっとも初め覚えるべき万歳である。

ところが北川正己は、この法華経万歳を身につけていなかった。知らなかったのである。演じる必要がなかったと言ったほうが正解だろう。基本中の基本であるのに盲点だった。

だが挽回する機会が訪れた。というよりも、どうして演じなければ事態になってしまった。

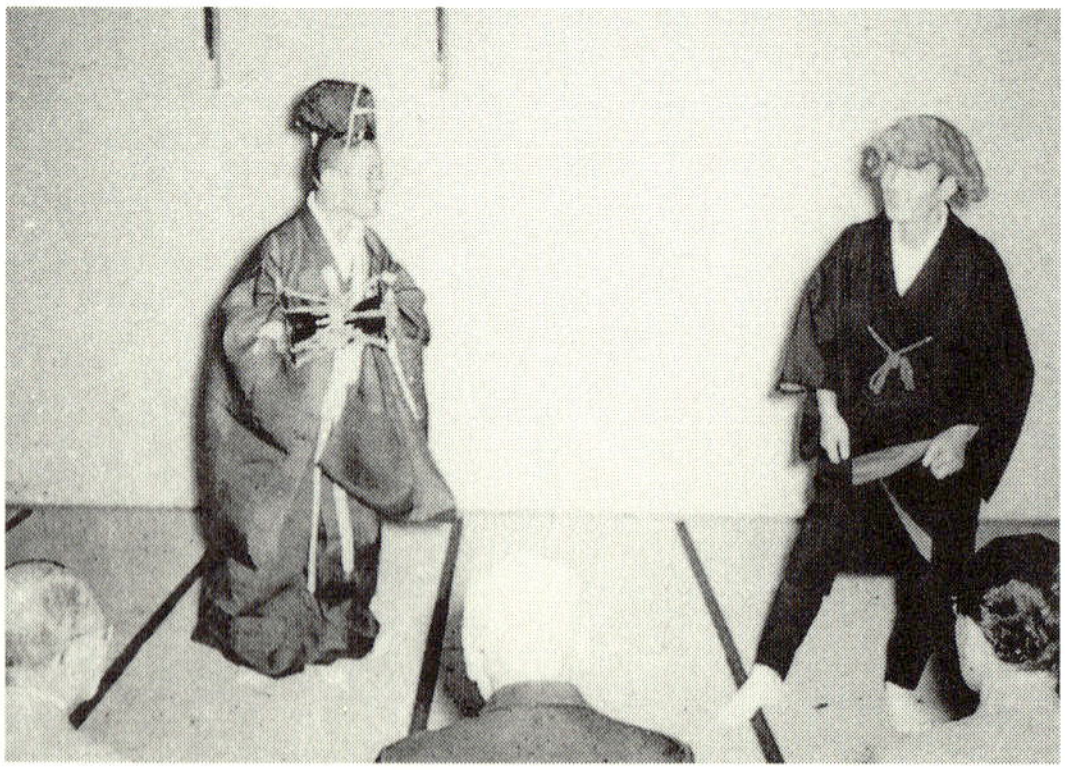

法華経万歳（昭和初め頃）

国立劇場での三曲万歳

御殿万歳　右端が父北川正一（昭和初め頃）

第一章では、平成二一年に行われた三〇年ぶりの三曲万歳公演について述べた。その三〇年前のできごと。つまり京都公演以前に、三曲万歳が最後に演じられた年、昭和五三年（一九七八）三月のことである。

尾張万歳家元、五代目長福太夫北川幸太郎こと北川正己は、四〇代半ばになっていた。万歳師として油の乗りきった頃だ。演技に磨きがかかっていた。名人との呼び声が、あちこちで掛かっていた。いわゆる円熟期に差しかかっていた。

折に、ある依頼が正己に、というよりも尾張万歳保存会にあった。実際に声が掛かったのは、前年昭和五二年のクリスマスの日。文化庁が「消えていく芸能」と題して、全国の地方民俗芸能を取り上げようと考えた。東京国立劇場にて、三年間で順に演じてもらう計画を立てる。その一本目の白羽の矢が、愛知県知多市八幡、尾張万歳に立った。

岡田弘氏という歴史民俗研究家がいた。名古屋市東区在住で、ちょうど尾張万歳の発祥の地とされる長母寺の門前に家があった。彼は地元の文化財研究をしており、中で長母寺の沿革調査から、尾張万歳に興味を持った。

岡田氏は、その後何度も知多を訪れ、『尾張万歳　たずねたずねて』という本に、当時の尾張万歳の実情を詳しくまとめた。したがって、当時の万歳研究のまさしく第一人者であった。彼の元を訪れた文化庁は、そのまま「魚幸」鮮魚店、つまり北川正己の家へやってくる。そしてこう依頼した。

「芝居（三曲）万歳をやってほしい」と。

忙しい年の暮れだった。正己は趣旨を聞き、公演について興味は持ったものの、いくつ問題点を思いついた。まず、三曲万歳自体ができるかどうか。昭和五二年の時点で、かれこれ二〇年近く北川社中は三曲万歳を演じていない。彼の頭の中で、この三〇年後、平成二一年に京都芸術座で公演したときと同じ思いがよぎった。

正己は、台詞や動作は自信があった。演じる役者さえいれば何とかなる。必ずできる。だが身につける物がない。何より歌舞伎装束がない。

実はこの数年前、昭和四〇年代後半のこと。正己は、家の片隅に積んであった「柳ごおり」を一〇杯くらい処分していた。中身は三曲万歳の衣装、小道具である。鬘《かつら》も三〇人分くらいあった。男物の町人、侍、やくざなど数種類。サイズもいくつか。女形もあった。それも処分した。折に触れて柳ごおりの中身を見れば、いかにも古い。残しておいても、もう使うことはないであろうと判断したのである。処分にあたっては、知多市内にできた民俗博物館へまず頼みに行った。

知多市民俗博物館について、触れなければならないだろう。昭和四三年（一九六八）、当時の知多町に民俗資料館が作られた。現在は市役所が建てられている付近の朝倉海岸に、埋め立てにより解散した漁業協同組合の建物があった。市へ寄贈され、そこが当面の展示室となった。

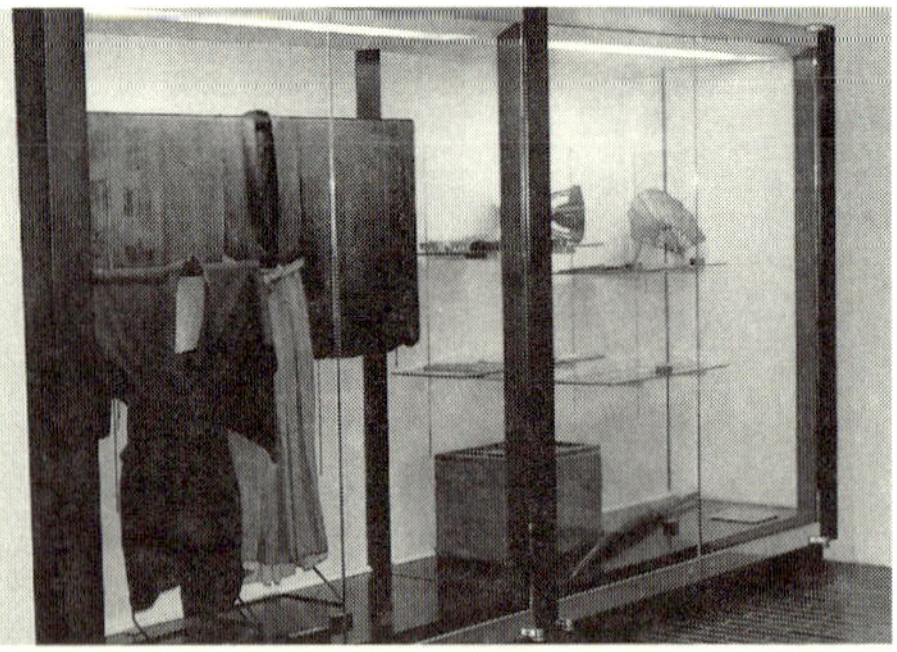
万歳展示品

二年後の昭和四五年（一九七〇）、知多市制移行とともに知多市民俗資料館と改名。昭和五三年（一九七八）には、現在の場所に移転、拡張される。

平成一一年（一九九九）リニューアルし、名前も「知多市歴史民俗博物館」と変わった。市役所から北へ、体育館や陸上競技場等が並ぶ、いわゆる知多の官庁街の一角にある。場所は、かつての浜小根の漁港から古見の海水浴場の辺りを埋め立てた新開地にあった。

博物館は「知多の生業《なりわい》」を軸に、地域の歴史・文化に関する資料を展示してある。

正己は考えた。知多の生業なら、当然万歳はその中核に据えられるべきであろう。万歳のコーナーが少なくとも一室できるはず。協力するつもりで、不要になった衣装や鬘類を寄付しようとした。

ていねいに持ちかける。当時の資料館長は、「まあ、古着の二枚くらいならもらってもいいよ」とそっけない。正己は不満だったが、お上の決定なのでそのまま飲んだ。わだかまりを持ったまま、万歳装束は館長の元へ渡った。現在その衣装は、博物館片隅のガラスケースの中で鎮座している。説明板もいかにも小さい。

代わって、知多の漁労に関する展示が大きなスペースを占めている。館の中央に、以前触れた「打瀬船」もどんと据えられている。木綿作りに関するコーナーも広い。海苔養殖についての展示にもかなりの面積を割いている。

ところが、国指定の重要無形民俗文化財（平成八年指定）である尾張万歳の展示はいかにも少ない。地元の歴史に精通している人ならば、「知多市の博物館なのに不思議だ」と、北川正己ならずとも感じるだろう。数百年の歴史をもつ重要民俗文化財をこんなに軽んじていいのか。

（上）打瀬船、（下）漁労展示品

たとえば海苔養殖は、知多市には、大正中期から戦後にかけて数十年の歴史しかない。木綿も、知多市がとりわけというふうでもない。確かに市内の岡田地区は木綿の町で、紡績工場も数多く作られた。全盛期にはすさまじい生産額を記録していた。だが木綿蔵など、知多半島中どこにでもある。明治後期から昭和初年にかけて盛んだった養蚕も同様だ。

漁労についてはなおさらである。知多市に限らず、漁港のある場所なら日本中どこへ行っても、同様の生業は見られる。現在の展示品は、国から重要民俗文化財の指定を受けている貴重な物だが、たとえば蛸壺《たこつぼ》を展示していても、知多市における独自性は薄い。日本全国、漁港のあるところならどこでも、展示品と同じような物は見られる。取り上げるべきは万歳であるはず。正己の不満は、しごくもっともなことであった。

岡田弘氏の調査によれば、昭和五〇年頃には、尾張万歳を演じることのできる人がこの地域一帯にまだ百人以上いたという。行政側に、滅び行く芸能、守り抜かなければならない文化という認識が、当時まだ少なかったのかもしれない。それが今、実質一一人になったのは、述べた通りである。（現在は民俗博物館も積極的に活動に協力し、保存会側が依存する場面も多い。定期的に尾張万歳に関する特別展も開かれ、万歳そのものに対する研究も深められている）

したがって、博物館（当時は資料館）に寄贈した二枚以外の衣装、および鬘類は、ゴミ箱へ行くしかないのか。

そこへ救いの神があった。噂を聞きつけた高橋春子氏という大学教授で衣装研究家の女性が、「管理させてほしい」と持ちかけてきた。名古屋市名東区に、自分のセカンドハウスとして、「衣の民俗館」という建物を作りたい。よかったらそこで展示させてもらえないかという提案があった。

「大事にしてもらえるなら結構ですよ」と返事をし、衣装はもらわれていった。「ただし、貸すだけですよ。また入り用になったら使わせてもらいます」と、正己は笑って念を押し、衣装や鬘は知多から旅立っていった。現在もその館は健在で、万歳衣装も定期的に展示され、訪れる人の目を楽しませている。

文化庁からの三曲万歳依頼に話を戻そう。

したがって、北川正己宅にはもう芝居の装束がない。これが、三曲万歳再演が危ぶまれる理由の最大のものだった。かつて使用していた衣装や鬘類が、そのときにはほとんどなかった。一時的にでも、「衣の民俗館」から返してくれと頼むことは可能だ。しかし、繰り返すが衣装は長い歴史を刻んでいる。三河地方で演じられる地歌舞伎を見たことのある人なら、そのきらびやかな衣装にきっと驚いた経験を持っていることだろう。何でも形から入る世界。よれよれの装束で歌舞伎を演じているところは、日本全国探してもほとんどない。

正己は考えた。小道具類は、現有の物を使い回していけば何とかなりそうだ。だが衣装や鬘は、借りるより他はない。

目星をつけたのが、昭和の末まで営業していた名古屋大須の貸衣装店だ。出かけてみると結構揃う。資金の援助は、国からある程度あった。さっそく借り入れた。

あとは台詞さえ確認できれば、三曲万歳は何とかなりそうだ。選んだ演目は、『仮名手本忠臣蔵三段目、足利館裏門の場』。平成二一年の京都再演のときと同じく、お軽・勘平の道行きである。北川社中、三曲万歳の十八番《おはこ》。早速練習に入る。

しかし文化庁のリクエストには、もう一つ難題が入っていた。尾張万歳の原型である、法華経万歳を演じてもらいたいというものだ。

第一回「消えていく芸能」、公演に与えられた時間は全部で二時間五〇分。主催する文化庁の主題は、「消えていく芸能　祝福芸の系譜―万歳と春駒」であった。

（この「春駒」というのがわからなかった。文献やインターネットで調べたが理解できない。確か郡上踊りの中に、「春駒」という演目があったが、そのことか。悩んだあげく、北川正己氏本人に伺い、資料を貸していただいて輪郭がつかめた。おおまかに言うと、これも新春を祝う門付芸の一種だ。万歳よりも絶滅の危機にある。「新春、家々を訪れ、春駒に跨《また》がり謡い踊る。あるいは自分の体に馬の頭や尾をつけて、三味線や太鼓で囃《はや》し踊る芸」というのが春駒の説明である。乗馬姿や、あるいは馬の仮装をしている門付人の写真も残っていた。家々を訪れ、新春の祝いを言祝ぐめでたい芸の一つ、ということなのだろう。平成一〇年頃には、演じることのできる人が、佐渡や秋田、岐阜県白川に数名残っていたとのこと。現況は確認できていない）

この春駒が四分の一の時間を使う。残りが万歳だった。

尾張万歳のペアとして、記念すべき第一回「万歳の部」に選ばれたのが、盲目の女性が謡う瞽女《ごぜ》歌であった。ひと括《くく》りに万歳とされるのが乱暴に思えるが、民俗芸能のジャンルとしては間違いなく万歳に属する。

その瞽女万歳に二〇分。尾張万歳には一時間充てられた。

当日の公演内容を、パンフレットをもとに確認しよう。開幕とともに尾張の法華経万歳。途中に秋田春駒が入り、尾張万歳衆が御殿万歳を演じる。ここで休憩。第二部に新潟の瞽女万歳、佐渡と岐阜白川郷の春駒、最後に尾張に戻って三曲万歳というスケジュールだ。

順番は、文化庁が指定してきた。

まずは伝統的な五万歳の中から、法華経万歳。次に御殿万歳、最後に三曲万歳。尾張万歳の歴史的な流れを

白川春駒

瞽女万歳（知多市全国古典万歳共演会より）

つかんでいる筋から見れば、当然の要求である。

触れたように、尾張の五万歳とは、法華経万歳（日蓮宗用）、六条万歳（浄土真宗用）、神力万歳（神道）、御城万歳（大名・武家用）、地割万歳（普請・建前用）のこと。訪問先の宗旨宗派に応じて演じる。その五つの中で、もっとも基本形が法華経万歳である。

尾張万歳起源の無住国司が、弟子に唱えることを命じたという演目。尾張万歳の出発点であり、文化庁が演じてくれと言ってくるのは、成立の過程を承知している者ならもっともである。

ところが北川正己は、法華経万歳を知らなかった。父からも、また阿知波嘉平治氏からも習ったことがなかった。正己自身が、習得の必要性を感じなかったという方が正しい。演じる必要がなかった。まさしく盲点だった。

近くの年長者の家を回った。わからない。ある家では、「亡くなったおじいちゃんなら知っていたけどねえ…」と言われた。困った。

できませんと答えることは簡単だ。しかし、それでは尾張万歳家元を名乗る価値がない。尾張万歳のルーツとなる演目、ぜひともやるべきである。幸い、父が残したノートに台詞は載っている。しかし、唱えるにあたっての節回しが皆目見当がつかない。本当に困った。

折、吉報が正己の耳に入った。名古屋に、味鋺《あじま》の万歳の流れをくむ老人が健在であるという。昭和区の川名本町に二人、名東区の猪子石《いのこいし》に一人。電話で確認を取り、猪子石へ出かける。正己は、家業が済んだ後、暗くなった夜道に軽自動車を走らせた。当時八〇歳くらいに見えた老人に面会する。頼むと法華経万歳を見事に詠じてくれた。短いカセットテープに一〇本近く、その口から流れ出た節を吹き込む。

正己は持ち帰ってそれを何度も聞いた。仕事中も、車に乗っているときはテープを流し、あわせて口ずさんだ。うちに、自己流ではあるがほとんど体得した。自己流とは悪いことではない。もともと万歳とはそうしたもの。すべて真似るわけではなく、自分で咀嚼《そしゃく》し演じる。心が伝わればよい。そう思っていた。

才蔵の衣装を着ける北川正己（左）

併せて、春の国立劇場発表へ向けて練習を続ける。三曲万歳は保存会全員で、法華経万歳は正己と、のち尾張万歳保存会副会長を務めた花井勝巳氏と二人で。出番が近づく。昭和五三年三月二四日及び二五日の二回公演だ。北川正己たちは、行きの新幹線の中でも法華経万歳のテープを聴いた。そして本番を迎えた。

そして何とか演じた。三曲万歳も、当たり役の鷺坂伴内《さぎさかばんない》を演じた。やりきったという成就感よりも、大変だったという記憶の方が強かった。反応もあちこ

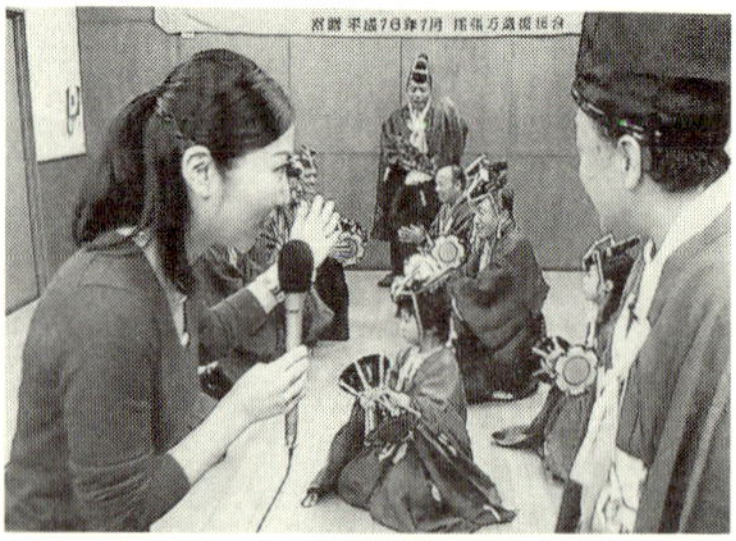

ＮＨＫに出演する北川正己

ちであった。終わった後は、「ご苦労様」という声を各方面から掛けられる。

その後芸能雑誌に、「すばらしい芸能。先が楽しみ」と論評された記事を見つけた。とりあえず安堵《あんど》する。だが、以後の三曲万歳上演については、正己以下保存会の面々は考えていなかった。演じるにあたって乗り越える壁が多すぎる。また、苦労して演じる必要性もなかった。つまり、三曲万歳に先はない。

再びふるさと知多八幡での活動が続く。御殿万歳と門付万歳、そして三人で演じる音曲万歳だけの日々。

回数は、年に平均三〇～四〇回で落ち着いた。毎年恒例になっている寺社の奉納、ホテルの催し物や会社の創立記念日、地元知多市の記念事業、敬老会等地域行事。頼まれればどこへでも行く。ある程度の謝礼をもらう。手土産だけのインタビューに答える。ときどきマスコミの取材を受ける。

そうした日々を繰り返した。

平成二一年六月の、京都春秋座の舞台まで、歌舞伎仕立ての三曲万歳は、三〇年という長い眠りに再びついた。

〈尾張万歳と三河万歳〉

三河にも万歳がある。もちろん三河万歳と称している。関東地方では、正月に門付けにやってくる万歳を、人々は何となく「三河万歳」と言っていた。しかしそのほとんどは尾張万歳であった。なぜ三河の名で呼ばれたかについては諸説あるが、もっとも有力なのは、三河がついた方が便利だったから、というものである。

タレントでエッセイストの小沢昭一氏は、このあたりの事情を、著書「日本の放浪芸」の中でこう書いている。（原文通り）

『…お正月の万歳は即ち「三河万歳」という風に思い込んでいる人が案外多いようだ。けれどもかつて東京の町中で人達の目に触れたものの多くは、恐らく三河ではなく尾張の万歳であった。尾張からは、たとえば大正から昭和にかけて毎年、千人を超える万歳の衆が、特別仕立ての〝万歳列車〟乗って、東京へどっくり繰り込んできたのである。

どうも三河万歳が正月祝万歳の代名詞になったのは、三河万歳が三河出身の徳川様のご威光で幅をきかし、尾張方はそれに便乗して自己主張しなかったことによるようだ…』

明治初年までは、尾張万歳は江戸近郊を避けるように、尾張周辺地域や上方方面を中心に細々と門付に出ていた。江戸幕府の滅亡とともに、帯刀し、武家に堂々と出入りしていた三河万歳が衰退していく。代わって尾張万歳が進出し、都合がいいのでそのままの固有名詞を継いだということか。行った先々で「あっ、三河万歳が来た」と言われても、努めて否定しなかった。

かくして首都圏では、明治以降に限っていえば、尾張万歳イコール三河万歳であった。

それでは、三河万歳とはどんなものなのか。実際に三河万歳を訪ねてみた。

三河万歳とは、西三河の安城市や西尾市、幸田町などに残る三つの万歳の総称で、平成七年（一九九五）に国の重要無形民俗文化財に指定されている。尾張万歳に先立つこと一年。つまりこちらの方が、国に早く認められたということになる。

いわゆる由緒正しい万歳で、公家の土御門《つちみかど》家と直接のつながりがあった。万歳は新春を言祝《ことほ》ぐ儀式として、陰陽道などと同じ範疇《はんちゅう》に属していた。その関係で、占いとともに、万歳も土御門家が司《つかさど》っていたという。三河の万歳衆は、一定の年貢を土御門家へ納めた。代わりに、江戸を中心とする関東一帯を、通行手形なしで巡回するお墨付きがいただけた。

逆にこれが、明治以降に三河万歳が苦労する理由にもなったが、とにかく江戸時代は、三河万歳の全盛期であった。江戸で万歳といえば三河と決まっていた。もともと三河は徳川家の故郷。通行自由の他にも様々な特権を有し、大名屋敷や江戸城にも入ることができた。

この三河万歳が北に伝わり、会津万歳や秋田万歳になったのは、当地も認めている事実である。

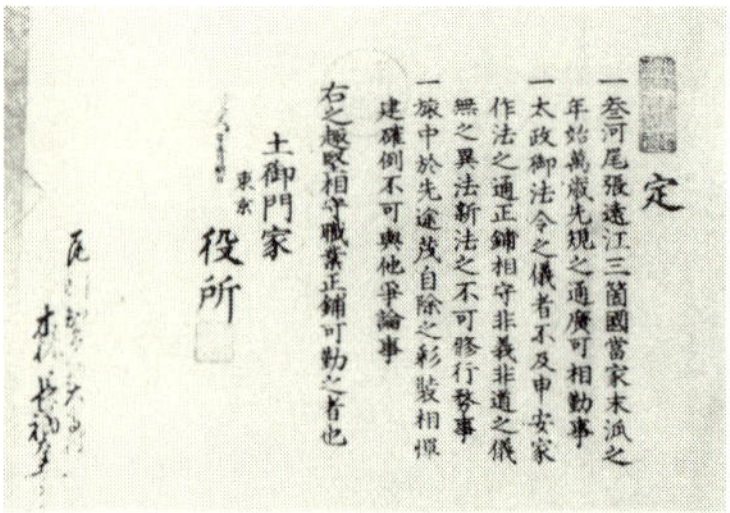
定
一参河尾張遠江三箇國當家末派之
年始萬歳先規之通廣可相勤事
一太政御法令之儀者不及申安家
作法之通正鋪相守非義非道之儀
無之異法新法之不可修行致事
一旅中於先途茂自除之彩裝相慎
建礙倒不可與他爭論事
右之趣堅相守職業正鋪可勤之者也
土御門家
東京
役所

土御門家通行書

さて、まとめて三河万歳というが、西尾、安城、幸田の三つの万歳は、伝承される起源がいくぶん違う。内容も微妙に異なる。さらに現在置かれている状況も、かなり違ってきている。

西尾の万歳は、伝承地の旧名をとって森下万歳と言われている。（同じく安城は別所万歳と言う）もともと、三河万歳は厳かな四万歳だけであった。森下万歳に一曲「御門開の舞」、別所万歳に三曲、「三羽鶴の舞」「七草の舞」「天《あま》の岩戸開きの舞」。合計四曲が残るのみであった。まとめて「神道三河万歳」と呼ばれている。

ところが現在、西尾森下万歳の伝承者は絶えた。演じられる人がすべて高齢化されたか、亡くなってしまったからだ。かろうじて、地元の小学校で児童の活動として細々と残されている。成人の万歳師がまだ健在の、昭和四七年に撮り残した映像。かなり画像の悪いテープだが、それを手本に小学生が真似る活動として残っている。見たままを繰り返すだけであるので、逆に昔の形を厳格に残すこととなった。

先の小沢昭一氏の著、「日本の放浪芸」からの引用を続けよう。

『明治になってからの事情についていえば、明治二〇年代に入るあたりから三河万歳が芸能職を捨てて「神道」的な色彩を強め、「国家神道」隆盛の時代に合わせた万歳業の存命策をはかったのに反して、尾張万歳は逆に「遊芸稼人」に徹していったようである。

結果は、三河は衰亡の一途をたどり、尾張は大正から昭和にかけて大盛況を呈し、戦後でも二五年頃はまたひとしきり盛んで、名鉄がまた出稼ぎ万歳旅行の団体募集をやったくらいである…』

明治以降の尾張と三河の万歳について、当たり前だが的確に述べている。

しかしこの著書、「日本の放浪芸」が書かれてからすでに四〇年近くの年月が流れている。その後の万歳のたどった道は、小沢氏の想像を超えていることだろう。

起源の話に戻ろう。万歳全般に伝わる起源は、尾張万歳とはまるで違う。おおまかに言うとこうだ。

文禄三年（一五九四）のこと。豊臣秀吉が、京や大坂にいた声聞師《せいもん》（唱門師《せいもん》、千秋万歳《せんず》などの芸能を仕事としていた陰陽師の一種）一二〇人を、荒れ地開墾のため尾張に強制移住させた。慶長三年（一五九八）に秀吉が死んだ後も、声聞師の一部が、京・大坂に帰らず尾張に留まり、中の何人かが万歳を尾張や三河に伝えた、という。

豊臣秀吉が陰陽師を嫌っていたのは、歴史の有名な事実である。意に沿わない人々を追放するなどということは、天下を取った後の秀吉にとって、何の躊躇《ちゅうちょ》もないであろう。理由は定かではないが、気に障った茶の湯の創始者を殺してしまうくらいの人物である。思ったことを実行するに、ためらいはない。

この三河万歳の起源は、尾張万歳と起源をともにするものである。しかし、尾張万歳には触れたように、名古屋市東区の長母寺を発祥とする、まったく別の伝承がある。

混乱をさらに重ねるが、西尾の森下万歳、安城の別所万歳と幸田の万歳の三つに分かれている三河万歳、それぞれに、別の起源説を保有している。（内容はここでは触れない）

結論として、芸の内容から推察するしかないであろうか。

安城（別所万歳）の御殿万歳を見た。名称も内容も、尾張のものとほとんど変わりはない。言葉を細かく聞き取ることはできないが、見ている限り区別がつかない。この二つの万歳は、ルーツが同じであると断言できる。それも当然で、自分が見た万歳は、尾張から伝わった御殿万歳そのものであった。

知多寺本浜小根《はまおね》に、昭和の中頃まで、㊇一座という万歳社中があった。早川友治氏という人が始めたものだが、北川社中と切磋琢磨し万歳芸を競った。その一座に、安城出身の寺島高義氏という人物が加わっていた。うちに、尾張万歳の御殿万歳、および三曲万歳を習得する。やがて寺島氏は一座を離れて帰郷。安城にて、自分が身につけた万歳を広める。

したがって寺島氏は、口を開けば「これは三河ではなくて尾張の万歳だでね」、と言っていた。仲間内にはそれを快く思わない人もいたと聞くが、寺島氏はいたって謙虚だった。はっきり断言していた。「自分のやっている万歳は、知多へ行って習ったもの」と。

それよりかなり以前から、三河の中に、娯楽性の強い尾張万歳を取り入れようという動きはあった。明治中期より、歌舞伎仕立ての三曲万歳を取り入れ、万歳の生き残りを図ろうとしたと各地区の記録にある。格式高い三河万歳が、徳川幕府という後ろ盾を失ってから、必然的に芸能色の強い尾張万歳に傾倒していく。寺島氏の活動も、大きく見ればその一端と考えていい。

安城御殿万歳

それでは、由緒正しい三河万歳（安城においては別所万歳）は伝わっていないのか。西尾では、小学生の活動として細々と残されていると述べた。安城はどうか。

若杉昇平氏という人物がいた。戦前に別所万歳の中核的役割を果たしていたが、何らかの理由があって、戦後すぐに茨城県下館《しもだて》（現在の筑西市）へ、一家そろって転居した。この人が、正調の安城別所万歳を見事に演じることができた。

彼は初めは一人のみで、体得した万歳を披露することもできなかったが、やがて息子の若杉範義《のりよし》氏が成長する。彼を才蔵に仕立て、昭和三〇年代後半には正調の三河万歳を再現することができるようになっていた。

時は過ぎていく。安城では、もともとの別所万歳の演目である、「三羽鶴の舞」「七草の舞」「天の岩戸開きの舞」の三曲を演じられる人がいなくなっていた。

行政側でも、迂闊《うかつ》なことに尾張から習った万歳を、三河万歳そのものだと思っていた人も多かった。あるとき、テレビでこの「三河万歳」を中継する。見ていた多くの人から、「これは、三河の別所万歳ではない」と指摘を受けた。驚いた市の担当者が調べれば、確かにそうであった。事態を重く見た安城市が、正調の別所万歳を復活させようと探し当てたのが、この若杉昇平氏だった。

請われて、茨城県から遙か三河安城まで、何度も親子で来ては別所万歳を伝えた。逆に、安城から何人かが茨城県まで出向いたこともあった。

努力が実り、現在由緒正しい別所万歳は残った。

今でも、三河万歳の公演といえば、尾張万歳から伝わった御殿万歳を演じる方が、回数としては多い。しかし、正調の安城別所万歳も現存している。地元の安城農林高校や、公立小中学校にクラブもでき、現在会員数は三〇人を超える。安城農林高校在学中に万歳に関わり、そのまま別所万歳後継に収まった広村幹利氏なども現れた。

広村氏は、万歳の魅力にどっぷりつかり、自腹で何度も茨城県を訪れた。若杉親子のもとで別所万歳の原型を学ぶ。そして、西尾の森下万歳とは違う歴史を作ることに成功した。

現在彼は、母校安城農林高校で万歳同好会の指導にあたり、文化継承に努力している。後継者作りという観点から見れば、理想的な展開である。

ふと思ったことがある。全国各地の万歳はどんなものなのだろう。例えば秋田県秋田市には「秋田万歳」というものがあるという。下がって福島県には「会津万歳」。それぞれが、江戸時代に三河万歳から伝播したと認めている。

次の「小沢昭一氏とのつながり」の章でまた触れるが、平成二年八月二五日に、知多市制二〇周年記念事業の一環として、知多市勤労文化会館にて「全国古典万歳共演会」という催しを持った。一番に尾張万歳が出演し、門付万歳

若い世代の御殿万歳（安城）

を演じた。

　続いて加賀、秋田、瞽女、三河、越前、伊予、高平良《タカデーラ》の各万歳が、それぞれ伝わっている万歳を演じた。

　知多市中央図書館に残る記録ビデオを借りて、公演内容を見てみた。

　初めの加賀万歳は言祝《ことほ》ぎが中心で、体の動きはあまりない。延々と祝詞《のりと》が続く。知多の人間が認識している万歳とはかなり違う。尾張万歳の基本となる「五万歳」がこんな形態であったのだろうか。つまり、加賀万歳は当初の形態が進化せずに残り、尾張万歳は時代に合わせて、変化を遂げたということだろうか。

　続けて、会津万歳、秋田万歳を見る。こちらは、三河万歳に残る伝統的な四演目と、衣装や所作もよく似ている。伝承のように、江戸に伝わった三河万歳が会津や秋田に伝わり、現地の名前になったのは間違いない史実であろう。

　伝わった万歳を守っていくについては、それぞれの地区に、簡単に語ることのできない歴史があったに違いない。機会があったらぜひ触れてみたい。

会場で門付万歳（共演会にて）

伊予万歳　松尽くし（共演会にて）

小沢昭一氏とのつながり

北川正己と小沢昭一氏

北川正己とマスコミとの関係は深い。国指定重要無形民俗文化財の保存会会長という立場であり、地域を代表する文化人でもあるということから、マスコミと関わりが出てくるのは当然のことだ。

しかし、正己氏自身に備わった人柄も、関わりを広げる理由になっていると思える。人格は、万歳という人を楽しませる芸能を演じているから培《つちか》われたのか。話しているうちに、相手が笑顔になってくる。出会った人を朗らかにさせる不思議な力を備えている。だから人が集まる。自然と仲間が増える。

知多市をテレビが取り上げ紹介するという番組には、必ず出演依頼がある。地域だけでなく全国的な関わりも様々ある。

先に、映画『ハチ公物語』で、尾張万歳を「獅子てんや・瀬戸わんや」が演じたと述べた。どうして彼らが演じたか、なぜ演じることができたのか。これにはある経緯があった。

ご存じ忠犬ハチ公。渋谷の駅へ、亡き主人を求め何年も出迎え続けた秋田犬だ。その一生を、仲代達也の主演で映画化したのが『ハチ公物語』である。多くの人々に受け入れられ、共感を呼び、当時の映画興行収入で新記録を出した名画。最近、リチャードギアが、ハリウッド映画としてリメークしたのは記憶に新しいところである。

中で、当時の東京の様子が再現される。お正月のシーンも出てくる。昭和初めの正月の風物詩といえば、たこ揚げ、独楽回し、羽根つき。などとともに、門付の尾張万歳が外せない。映画を撮る側としては、一瞬でもいいから写したい。しかし、それを誰が演じるのか。

当時、東京で人気の漫才コンビ、「獅子てんや・瀬戸わんや」のところへ依頼が来た。二人の芸のレパートリーに尾張万歳も備わっていたのを、東宝映画会社がつかんでいたからである。依頼を受けた獅子てんやは、「とても無理、本職にやってもらったらどうだね」と弱音を吐いた。本職とは北川正己のことである。

てんやわんやと正己は、何回か面識があった。かつて、獅子てんんや瀬戸わんやは、名古屋のテレビで、ローカル歌番組の司会をしていたことがあった。番組に二度ほど、北川正己たち尾張万歳衆が出演した。その奥深い芸を見た二人が、自分たちの漫才の幅を広げようと、北川家に、つまり魚幸鮮魚店に万歳を習いに来た。合計二回、合わせて数時間学んだ。

積極的に取り組み、四分ほどの門付芸を体得した。体得はしたものの、いざ東京へ帰って実演するとなると、衣装や小道具がない。

たとえば鼓は、東京で買うと当時のお金で二〇万円。それが地元知多では七万円で手に入った。衣装も、太夫・才蔵それぞれ六万円、計一二万円で調達できた。東京では目玉の飛び出るような金額だった。話を聞いた北川正己は、どちらも買い揃えて直接送ってやった。

形も整えた尾張万歳を、その後てんやわんやは何度も演じた。テレビでも数回やった。偶然それを見た東宝映画が出演を依頼、しかしスクリーンに載せるには自信がなかった。そこで、本家の名前を出したのである。

東宝映画から、電話で直接出演依頼のあったときに、北川正己は答えた。

「そんなこと、てんやさんわんやさんにやってもらえばいいでしょう」

「できないと言ってますよ」

「いや、わしがきちんと教えたから、あのお二人は必ずできるはずですよ」

担当者ははっきりとこう言った。

「その二人が、北川さんにやってもらってくださいって言ってるんです」

次の日、今度は獅子てんやから電話が入る。

「北川さん、僕らがやってもいいですかね」

「もちろんですよ。私が太鼓判を押します。ぜひ映画の中でやってください」

「わかりました。それだけおっしゃるなら、不肖未熟の身ですがやらしてもらいます」

かくして、弟子の尾張万歳が、『ハチ公物語』の中で演じられた。映像を見た限り、なかなかの芸である。やはり彼らはプロだ。

実は今、買って送ってやった扇子・鼓や衣装は、北川正己の元に戻ってきている。先年、瀬戸わんやさんに先立たれた獅子てんやさんが、「もう使うことはないだろう」と正己の元へ送り返してきた。ついでに才蔵の衣装も戻そうと、わんやさんの奥様に探してもらったが、それは見つからなかったという。

北川正己と中央との交流を示す、エピソードの一つである。

こうした関係については語り始めれば、絶対に落としてはならない人がいる。小沢昭一氏である。

小沢昭一氏は、承知のように日本各地を訪ねて、さまざまな歴史や伝統芸能を紹介し、エッセイなども発表している。ラジオでやっている『小沢昭一的こころ』は、三〇年以上続く隠れたヒット番組だ。彼個人の根強いファンも多い。その小沢昭一と北川正己は、長くて深い絆を持っている。

事の起こりは、昭和四〇年までさかのぼる。この前後から小沢氏は、角兵衛獅子や小唄流しなどの「日本の放浪芸」に興味を持ち始めていた。縁日などで活躍する野師《やし》や、地域の田舎芝居などに対しても、積極的に取材を行っていた。

その小沢が、東京で門付万歳の二人組に出会った。知多市八幡中島から東京に行った老人であった。おそらく、門付の旅の最晩年だったのだろう。

小沢はこの芸に強い興味を抱いた。万歳の名前を尋ね出身地を聞いて、驚いたことにそのまま二人に付いてきた。もちろん愛知県知多市へ。そして五代目長福太夫、尾張万歳家元北川幸太郎宅、つまり魚幸鮮魚店へたどり着いた。

当時、北川は若くして家元を継いだばかりである。話は弾んだ。

時に北川正己三二歳、小沢昭一氏は三八歳であった。

その後何度もやってきた。聞き取り取材を繰り返した。

年月を重ねるうちに、小沢氏自身も尾張万歳を演じてみたいという希望を持つ。もっとも小沢氏本人は大変忙しい。じっくりと稽古することは不可能である。そこで正己が、一分三〇秒分くらいの門付の台詞をテープに吹き込んで送ってやった。「これを覚えれば、門付万歳は一応大丈夫」という内容だ。小沢昭一氏は見事に修徳し、我流で何かの席でもやった。その上で、魚幸鮮魚店に何度目かの訪問をした。それも、「現実にやっている姿が写したい」ということで、ビクターの撮影、録音員を連れて来た。

東京を歩く万歳師（昭和後期）

衣装も着たい。小沢氏のリクエストは太夫だった。頼まれた正己は、魚屋の奥の部屋にしまってあった太夫の衣装を着せてみた。よく似合う。並んでみて、二人の背格好もちょうどよい。形は整った。しかし、門付にどこへいくのか。

小沢氏はこう言った。

「せっかくだから、新と旧とがマッチする新興住宅地へでも行きましょうか」

これには北川も面食らった。門付自体が久しぶりである。それを地元の住宅街へ行ってやるとは。

知多市も、魚屋「魚幸」のあるあたりは歴史ある町並みだ。だが少し足を伸ばせば、新しくできた地元の大工場か、あるいは名古屋市まで通勤する人々が暮らす住宅街がある。地元とゆかりの少ない「入り人《い》」の割合も多い。魚幸から車を五分も走らせれば、そうしたベッドタウン地区に行き着く。そこへ行って門付万歳を演じるとは、正直ためらいもあった。

しかし、後へは引けない。ここで拒めば万歳師の名が廃る。考えた。結果、当時名前がついたばかりの、「つつじが丘」という新しい住宅地へ出かけた。

見知らぬ家の玄関に立つ。万歳を言祝ぐ。家から出てきた人に歓迎された。カメラやマイクに驚いたものの、楽しそうに聞いていた。

ただ祝儀は出ない。祝儀という文化を知らなかったのである。

正己は、久しぶりの門付をいっとき楽しんだ。

数軒回り、その辺りでもっとも大きな料理屋の入り口に立つ。ここにはなじみがあった。

門付けをする二人（右・小沢昭一氏）

北川正己の行きつけの店で、頼まれて地の魚を卸すこともある。実は、店の名付け親でもあった。

「何だ幸さん、今日は珍しい。門付かね」

店主は言った。そして連れ合いの顔を見て驚いた。

「あれ、この人、小沢昭一さんだねーかね」

笑いが止まらなかった。小沢昭一氏の方は、なおさらだったらしい。万歳の声も弾んだ。

この様子は、ビデオ『日本の放浪芸』の中に収録されており、小沢氏の著書に何度も載せられている。

小沢昭一氏との付き合いは続いた。実際に魚幸鮮魚店を訪れたのは一〇回を超えた。逆に小沢に頼まれて、尾張万歳を東京で演じたこともある。最初は東京紀伊国屋ホール。全国の放浪芸紹介ということで、飴屋、金魚売り、豆腐売りなどバラエティ富んだ内容が続いた。そこで尾張万歳を演じた。

この時は、北川正己自身は出演していない。

当時まだ魚幸には、万歳をする老人が出入りしていた。父親が亡くなってからも、北川社中の年長者が何人か、半分寄宿していた。中で承諾してもらった三人に出演を依頼する。北川が東京まで送っていき、尾張万歳実演を託した。

五日連続の公演。きわめて好評だった。映像や録音テープにも、老万歳師の勇姿は見事に残っている。

もちろん北川正己自身が頼まれ、出演したこともあった。

朝日新聞社が、『朝日賞』という文化賞を企画している。人文や自然科学など様々な分野で業績をあげ、日本の文化向上に大きな貢献をした個人、または団体を表彰するものだ。昭和四年創設というから、かなりの伝統と格式を持っている。平成一七年度（二〇〇五）、その順番が小沢昭一氏にきた。

東京帝国ホテルで賞の贈呈式があった。小沢氏の受賞理由は、全国の放浪芸、大道芸の発掘・紹介である。受賞の趣旨に合ったのか、小沢氏の「師匠」の一人である北川正己がぜひにと招かれ、式後のパーティで尾張万歳を披露した。

小沢氏の軽妙な司会で、ホテルに作られた舞台で演じる。出演したのは、正己と保存会副会長の花井勝己の二人だ。舞台上では約一分。その後、七〇〇人くらい入った会場のテーブルを回って、門付万歳を披露した。動きながら万歳を言祝《ことほ》ぐなどはお手の物である。

これも、小沢昭一氏の手で本になった。こうした書物は、尾張万歳が紹介されるたびに、小沢氏自身が送ってくれる。

逆に、北川が小沢昭一氏に頼むこともあった。多くの人が、北川正己と小沢昭一氏が強いパイプを持っていることを知っている。伝《つて》を頼って、北川経由で講演を依頼される。正

受賞祝賀パーティにて（右・北川正己）

己が手紙を書いて頼むと、小沢昭一が快く引き受けてくれる。

このパターンが近隣地域で二回あった。一度は東海市の商工会が頭を下げに来た。もう一度は常滑市で開いた。いずれも格安で講演してもらったという。

時代が戻るが、平成二年に知多市が市制二〇周年、つまり町から市に移行して二〇年目を迎えた。市から記念行事の相談を、北川正己に持ちかける。北川は、前述した全国の古典万歳公演をやりましょうと提案した。

知多市は尾張万歳の故郷である。市は受け入れ、実施。行政側が開催に向け積極的に動く。もっとも、各地へ実際に連絡を取ったのはほとんど正己だった。

沖縄　高平良万歳

結果、秋田から沖縄県まで、全国の万歳が知多市に一同に会して競演した。時に平成二年八月二五日、名づけて「全国古典万歳共演会」。この時、知多市勤労文化会館でゲスト解説をしたのが、正己が頼み込んだ小沢昭一氏であった。

交流はなおも続く。小沢昭一氏は、知る人ぞ知る愛知県犬山市「明治村」の名誉村長である。いきおい、明治村で何らかの催しがある時は、たいてい北川正己率いる尾張万歳社中が呼ばれる。

いちばん最近では平成一九年だった。明治村開村四〇周年記念事業で尾張万歳公演を依頼された。五人で出かけて、門付と御殿万歳を演じた。下世話な話になるが、出演料は全員で一〇万円、つまり一人二万円。交通費、昼食代を差し引くと、日当としてはかなり低い。しかし、お金ではない。小沢氏との人間関係も大切だ。それよりも、尾張万歳という民俗芸能を、少しでも多くの人に認識してもらいたい。正己は、近ごろ頓《とみ》にそう思うようになった。

小沢昭一氏との交流は、いわば自分の人生のおまけである。尾張万歳という、数百年の歴史を持つ文化を守りたい。次の世代に伝えたい。

北川正己は、遠くを見つめるように口を開く。

多くの人々との触れ合いが今の自分を生んだ。万歳という芸能を身につけよう、広めよう、そして次の世代に伝えよう。生涯に渡る思いの中で、様々な人たちのお世話になった。感謝ばかりの人生だった。そうしみじみ語る。

だが、彼に出会った人々からは、まったく逆の言葉となって返ってくるだろう。尾張万歳家元五代目長福太夫、北川幸太郎と関わりが持ててこんなに楽しかった、人生の幅が広がったと。筆者も、そうした幸運な人間の端くれとして確信している。

〈門付《かどづけ》の旅〉

門付万歳は、太夫と才蔵の二人で演じる。

前述したように、太夫と才蔵は対等ではない。ある古老（八幡中島、明治三一年生まれ）の話に、こんなくだりがある。（原文の通り）

『…一〇歳くらいから始めましたが、学校は休んでも黙認してもらえ、落第もしなかったので門付万歳に出たものでした。大阪・京都や和歌山方面を回りましたが、三年ほど才蔵役をやりました。地方に入ると、木賃宿に泊まります。昼間歩いて夜宿へ着くと、才蔵は飯炊きをします。それぞれの人が競争するので、早く場所を取らないと食事が遅くなるため太夫にしかられるし、二銭のめざしを買わされるし、寒さしのぎの炭はあのころ五銭でしたがそれも買いにやらされ、道は雨が降るとどろどろにむかるみ、乾くとぼこぼこのホコリをかぶるし、草鞋履きなので涙が一人で出てくる辛いものでした。それが修行だったのですが、もう才蔵がいやになって三曲万歳に入りました。…四〇歳くらいでやめました』

厳しい旅であったろう。それぞれに定宿があり、寝泊まりしつつ自炊して稼ぎを続ける。才蔵は太夫に仕え、下働きをする。「年を経て、早く太夫になりたかった」といった記述も残っている。

辛いばかりの旅ではなかった記録もある。別の古老（八幡下平井、明治二八年生まれ）の回想はこうである。

『門付万歳を一八歳ころから始め、三五歳くらいまで続けました。以後、三曲万歳の専門になり、北川一座に席をおいて巡業していたのですが、年末一二月二五日になると、八幡の者二人で門付組を作り、私は三味線専門で他の者がそれぞれ胡弓と鼓による三曲万歳（ここでは音曲万歳のこと）の流しをやって歩きました。…神戸の料理屋、芸者置屋ばかり歩き、一座敷二円か三円が普通でした。…奈良の田舎から来た客に「村に来てくれないか」と相談を受け、同行していった万歳の旅は楽しい思い出です。どこでも受けがよく、隣村から隣村へ引っ張りだこで、収入は一晩三円ほどで、一人あたり一円になり、宿代は向こう持ちでした。例年決まって正月の一五日くらいはまじめに働いて、一五円か二〇円くらい家に送金しましたが、あとは遊んで使ってしまいました』

ロマンを味わう旅だったことが感じ取れる。それぞれに、万歳を収入源として大切にしていたが、本人たちも十分に出稼ぎを満喫していたようだ。ただ辛い、金儲けだけの旅ならば、あんなに長い間、しかも大々的に行われることはなかったかもしれない。行く先々で、歓迎されていた様子が感じ取れる。テレビやラジオが普及していない時代、田舎の村や町での楽しみな娯楽の一つだったのだろう。いにしえの琵琶法師や、北国の津軽三味線と似た臭いを感じる。

別の古老（八幡中島、明治三六年生まれ）の話はこうだ。

『…一二歳から一九歳までは父について歩き、胡弓と鼓による三曲万歳の流し専門でやりました。一二歳の時は、京都、大津、米原などを二カ月、一三歳には東京、高崎などで三カ月、一四歳の時には大阪方面と、年ごとに行き先を変えて出かけましたが、一九歳の時父親とけんかして一人になり、…二三歳の時には別の人と二カ月ほど和歌山を歩きました。そのあと一〇年ほどは同年配の者で組を作って、昼は民家を回り、夜は座敷万歳をやりましたが、仲間がなくなったので、三八歳でやめました。大正一二年ごろが一番儲けが多く、大阪方面を二カ月歩くと五〇円はもうかりました』

いかに、万歳が全国各地へ出かけていたかが伺える。また相方が重要だということも読み取れる。金を稼ぐためにメンバーを次々と変え、旅暮らしが辛くなる年にな

万歳の旅立ち（昭和初め頃）

ると、きっぱりやめる。万歳全盛期のおおらかな生活が読み取れる。

大正一二年の正月といえば、関東大震災の直前である。日本中が第一次世界大戦後の好景気に沸き、成金があちこちに現れた頃だ。大盤振る舞いも多かったのだろう。

今こうして、当時の暮らしを思い巡らすと、旅暮らしに同情はするものの、胸の高鳴りも覚える。まさしく「フーテンの寅さん」の世界。公式な記述はないが、言い伝えとして、独身の万歳師が、行く先々で「いい人」を作って浮き名を流したとか、中には故郷の家族を捨てて、そのまま居着いてしまったという伝承も残っている。

逆に知多八幡近隣では、万歳師が連れ帰った、縁もゆかりもない地域からのお嫁さんも、かつてはかなりの数いたという。旅の万歳師と恋に落ちて、そのまま付いてきたのであろうか。ある意味、略奪婚でもある。

こうした話はいくぶん誇張されて残るものだが、いずれも興味深い。だが割合としては、悲哀をなめた出稼ぎ者の方が多かったかもしれない。

正月前の万歳練習風景（昭和初め頃）

出稼ぎの門付万歳が本格化したのは、明治三〇年代だったという。毎年一二月になると、それぞれ地区の万歳仲間の世話人の所へ集まる。太夫、才蔵同伴で練習を始め、歌詞・節付けから所作まで稽古する。そして、正月前に夜汽車で上京する。

明治中頃には、すでに団体割引で東海道線大府駅から国鉄列車に乗り込んだという記録がある。知多からは、少なく見積もっても二〇〇〜三〇〇人程が出稼ぎに出ていた。上京した者は、毎年決まっている宿に泊まり、だいたい一月一一日の「蔵開き」まで留まる。その後多くの者は、東海道や中山道を徒歩で帰りながら万歳を続けた。旧正月の頃には名古屋へ入って、ゆっくりと知多へ帰ってくるというのが一般のパターンだ。

中山道馬篭宿でも、冬の雪深い時期にどこからともなく万歳師がやってきて、冬の陰鬱《いんうつ》な暮らしをしている家々を回り、いっとき楽しませては去っていったという記録が残っている。村人も尾張万歳の来訪を心待ちにしていた。

結果、故郷知多に戻った時、多い人は懐に三〇〇円程度の金を持っていたという。当時としてはかなりの大金だ。

大正に入って、愛知電気鉄道（今の名古屋鉄道）常滑線が開通したので、歩いて大府駅まで行く必要もなくなり、さらに出稼ぎに拍車がかかった。知多全体で千人を超える年もあったという。たいへんな人数である。出稼ぎとしては、まさしく優良業種だ。

現在でも、東海市南部から知多市北部の八〇歳を超えたお年寄りに話を聞くと、「ああ、若いときは行っとったよ」という人が、案外簡単に見つかる。「どんな旅でしたか?」と尋ねると、「辛かった」「楽しかった」など、様々な答えが返ってくるが、中で一番多いのが「昔のことだで、忘れたがね」だ。万歳も、忘れてしまった人の方が多い。若年の折、少しかじっただけの芸ということか。体にしみこんでいるという類のものではないかもしれない。

何はともあれ、これほどの人々が関わったについては、門付万歳が地域に万遍なく浸透し、出稼ぎとして非常に効率のよい業種だったということであろう。

それが衰えたのは、芸能全体に対する社会の意識変化もある。地元の経済状況の変化もある。一つには、戦後、混乱の中で出かけた万歳師が、服装も整わない状態でいいかげんな芸をして見捨てられたこともあったという。さらに関東地区では、述べたように一時期「暴力獅子舞い」なるものがはびこり、門付全体が忌み嫌われた時期もあった。

いずれにしても、現在は万歳の旅そのものが存在しない。古きよき時代の夢物語になってしまった。

次の世代につなぐ

知多市歴史民俗博物館

尾張万歳と起源をともにするといわれている三河万歳は、現在次のような状態である。もっとも一口に三河万歳と言っても、旧三河国で行われている万歳の総称であり、中で大きく三つに分かれていることはすでに述べた。安城市の別所万歳、西尾市の森下万歳、そして幸田町の万歳。

江戸時代は徳川家の故郷ということで、三河万歳が大切にされ、他の芸能とは別格の扱いであった。あちこちの大名家等で優遇された。芸に格別変化・工夫がなくても、伝統的な四万歳を演じていれば決まった収入があった。それが明治以降一気に崩れる。さらに、明治政府が明治四年に「陰陽道《おんみょうどう》」廃止令を出したため、三河の万歳そのものが禁止される事態にもなった。当然、万歳師たちの生活も苦しくなる。

のち、明治一二年に遊芸家人として活動が再び認められた後、芸の幅を広めるため、尾張の御殿万歳や、一部の地域では三曲万歳も取り入れた。取り入れた経過についても、すでに触れた。

伝統的な三河万歳は、もともとは座敷でする檀那場の四万歳しかなかった。それが現在では、三河万歳と言えば尾張から伝わった御殿万歳を指すようにさえなっている。

安城の別所万歳も、現在は尾張万歳から伝播した七福神を言祝ぐ御殿万歳が中心である。翻って、昔ながらの三河万歳と言えば、その伝承者はいる。保存会が活躍している。保存についての努力は前述したとおり。

しかし、西尾の森下万歳は憂うべき状態である。森下万歳も伝承地の古名からその名がついたものだが、現在後継者が絶え、成人で演じられる人がいなくなった。

これではいけないと、地元の小学校が教育活動の一環として万歳を継承している。昭和四七年くらいに伝統の西尾万歳を演じられた録画テープが残っており、それを手本として万歳を演じている。基本通り演じるのでおもしろみには欠けるが、逆に古式の万歳が残った形になった。それも、子どもたちが小学校を卒業すれば、まず全員が演じなくなる。

中日新聞

“次世代”が演じる「尾張万歳」

おいじゃあ知多フェスタ'99

きょう初舞台

つつじが丘小児童6人

独特の節回しテープで習得

指導した保存会『覚えがよくて驚いた』

中日新聞の記事（1999年 8月 28日）

地道な活動が認められ、平成七年に国から重要無形民俗文化財の指定を受けた。その三河万歳の一角が、跡継ぎがいない。事態は深刻である。

尾張万歳とて、同じ道をたどるかもしれない。何せ、保存会会長の北川正己が昭和八年生まれ。年長者組で一番若い者が十数歳年下だけである。何とか呼びかけが功を奏して、二〇歳過ぎの若者が三人加わっている。もちろん芸は未知数である。

知多市としても後継者問題という現実に対し、かなり前から危機感は持っていた。平成になってから、市の広報を通して女の子を募集したことがある。六人ほど集まり、練習の様子がマスコミに取り上げられたりもした。ある程度形ができたところで中学校へ進学し、部活動に出会う。興味がそちらへいったまま、万歳と疎遠になってしまった。

平成一二年、再び知多市広報で子ども万歳講座の募集を行った。小学校五年生が九人集った。熱心に学んでいたが、やはり部活動や勉強などとの兼ね合いで、一人欠け二人欠け、それでも四人残った。うち一人が大学進学で下宿生活を始め、知多を離れる。

結局三人が残った。先に述べた三人が、この青年たちである。尾張万歳一一人の同志の中に、この若者も含まれている。二一年六月の京都における三曲万歳再演にも、中心として加わったことは触れた。

若い万歳師組も、熱心ではあるが習う時間が絶対的に不足している。できる演目が限られる。さらに、楽器はまだ修行過程だ。

数年後に、北川正己たち年長組が老齢期を迎え、この三人が尾張万歳を投げ出してしまったら、とたんにこの世から尾張万歳が消える。西尾の三河万歳と同じく、データの中だけに世界になってしまう。危機感は深刻である。森下万歳と同じ道を歩ませないためにも、後継者作りに励まなければならない。

全国のどの万歳も、ほとんど同様であるらしい。平成二年(一九九〇)八月、知多市で市制二〇周年記念のイベントが行われたことを前に書いた。「全国古典万歳共演会」と題されたこの催しで、ゲスト解説を勤めたのが小沢昭一氏であることも触れた。このとき参加した全国の万歳を改めて紹介しよう。

知多（尾張）万歳。加賀万歳（石川県金沢市）。秋田万歳。瞽女《ごぜ》万歳（新潟県高田市）。越前万歳（石川県竹生市）。伊予万歳（愛媛県松山市）。三河（西尾）万歳。高平良《タカデーラ》万歳（沖縄県）。

共演会から二〇年たっている。挙げた中で、西尾の三河万歳が、現在ほぼ後継者がいない。残りも似たような状態である。帝京平成大学の最新調査によれば、『尾張、越前、伊予万歳は残り、三河、秋田、加賀、会津、豊後万歳は衰微し、大和、仙台、島津、伊六、京太郎（ちょんだらあ）は廃れた…』とある。文字で綴ると簡単だが、それぞれの地区に、それぞれ語り尽くせない事情が横たわっているのであろう。「残った」と書かれている尾張万歳も、一一人だけになったのは述べたとおり。

加賀万歳

高平良万歳

改めて平成二年の「万歳共演会」ビデオを見ると、司会を務めた女性アナウンサーが、「尾張万歳保存会会員は現在一九名です」と語っている。つまり、現在までの二〇年でマイナス八人。

（正しくは一二人減って四人増えた）

日本の農業の現状を見ているようだ。国あるいは地方公共団体の、思い切った介入がなければ、収入の少ないこうした芸能の後継ぎは間違いなくいなくなる。心痛めているのは、その場に直面しているほんの一部の人だけ。周りが、「あれれ、どうしようか…」と思っているうちに、時間はどんどん過ぎる。

尾張万歳に話を戻そう。北川正己会長を中心に、あちこちに後継者作りに関する呼びかけはしている。その効果が、述べたように現有の三人の若者の登場に至った。しかし次が出ない。

単発的に万歳を習いに来る子はいる。その子たちは、例外なく熱心だ。だが長続きしない。何せ、数百年の歴史を持った芸能である。まったく白紙の状態で万歳を学んでも、ある程度形になって人前で発表するまでに、どうしても二年はかかる。それまで根気が続かない。夜に教えようと思っていても、「塾がある」、「テスト勉強が入った」。

大学生組も、稼ぎのよいアルバイトがあればそちらへ行ってしまう。厳しい現実である。何としても、積極的に関わってくる跡継ぎがほしい。欲を言えば血縁者で…、難しい。

西平井公民館

それでも、尾張万歳保存会のメンバーは、北川正己を筆頭に、定期的に講習会を開いている。当然無料である。前述した知多市青少年会館で、夜七時半から講座を開いている。月に二回、第二と第四の土曜日。それぞれ二時間弱。

青少年会館ができる以前は、西平井にあった公民館が尾張万歳の拠点であった。知多市側が万歳運営に積極的に協力した形で、本拠地が移転した。そこで講習会が行われる。参加者は少ないが、やらないよりはましだ。

家族で御殿万歳を習う

この講習会、中には揃ってやってくる一家もいる。父親に連れられ、兄弟三人の計四名で、鼓を持たされ仲良く学ぶ。たいていは御殿万歳を教える。

教えながら北川正己は思う。習ったからには発表の機会も与えてやりたい。人前に立って、みんなの笑顔と拍手を浴びる、あの快感を味わわせてやりたい。

しみじみとそう考えていた。

〈万歳から漫才へ〉

八幡地区の伝承にこんなものがある。

『その昔、大正一〇年頃のこと。京都、大阪へ行っては大変人気のあった中島の万歳師のところへ、一人の若者が芸を習いに来た。掛け合いや鼓の打ち方などを熱心に勉強し、やがて帰る。その後四・五年たって、大阪に夫婦で鼓を使ってやる万歳が評判になった。数え歌や、世の中を風刺する掛け合いで人気を博したその人の名は、砂川捨丸と言った。八幡で万歳を習ったあの青年であった。彼が大阪での万歳の元祖となり、やがて漫才へと発展していった』

砂川捨丸という漫才師は、筆者もかすかに記憶がある。出だしで、「漫才の骨董品でございまして…」と言って、鼓を鳴らしては風刺の効いた台詞を並べる。その度、相方の女性に突っ込まれて扇子で頭をたたかれていた。こういうのをどつき漫才というのかななどと思いながら、白黒テレビを見ていた覚えがある。今思い返せば、確かに尾張万歳と似通っている。

捨丸氏自身は、昭和四六年に八一歳で亡くなった。死ぬまで鼓を離さず、その芸風を貫いたという。

老万歳師の演技（昭和中頃）

改めて、上方芸能の歴史文献を調べてみる。砂川捨丸が知多で修行したという確実な記述はない。しかし、こうした地元の伝承は真実であることが多い。知多側には、砂川捨丸が知多に来て、万歳を学んだという確実な記録が残っている。何より芸風がそれを物語っている。今のしゃべくりが主流の上方漫才は、知多が、というよりも尾張万歳がそのルーツであったのか。

上方芸能に詳しい、吉本興業文芸顧問の帝京平成大教授、竹本浩三さんの研究に注目してみよう。

時代はさかのぼる。明治三〇年代の初め、西暦で言うと一八九九年のこと。大阪で江州音頭の音頭取りとして鳴らしていた玉子屋円辰《たまごやえんたつ》（一八六五～一九四四）が知多へやってきて、上方で好評を博した尾張万歳師、平松佐助に教えを請うた。卵の行商から身を起こした円辰は、鶏の産地である知多へも訪れ、尾張万歳を何度も見たことがあった。

「音頭だけでは飽きられると考えて、尾張万歳に注目したのでしょう」と竹本教授は綴る。特に円辰が注目したのは、尾張万歳の中でも音曲万歳である。鳴り物に乗って謎かけや数え歌を披露し、笑いを取る芸である。即興で風刺を織り込みながら、物まねや下ネタを連発する芸に魅力を感じたのであろう。

この当時、名古屋に嵐伊六という人がいた。彼は下ネタに走り、尾張万歳全体から異端児扱

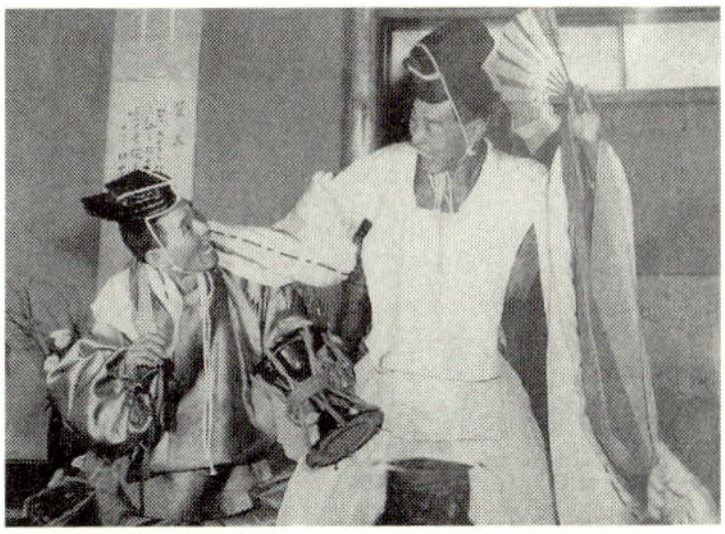

万歳公演　右・父北川正一（昭和初め頃）

いされる。しかし客が爆笑する快感に酔いしれ、下品な万歳芸を続けたという。この万歳は、三河でも「伊六万歳」と称され忌み嫌われたが、大衆芸能としての地位は確立した。（伊六万歳は、つい最近まで愛知県津島市に保存会があって伝承されていた。現在は後継者が絶え消滅している）

円辰は、この伊六万歳も積極的に取り入れた。年代的に見て、どの程度の交流があったかは定かではないが、参考にしたことは間違いない。

のち大阪に戻った円辰は、「名古屋万歳」と銘打って興行を始める。知多で習った万歳を、江州音頭の合間に演じたのだ。

〈舞台に太夫と才蔵が立っている。…『今度はえらいもんをやりまっせ』『なるほど、そいつはよかろう』『まだ言うてへんがな…』と問答よろしく…〉

太夫と才蔵が滑稽な掛け合いを繰り広げ、三味線を打ち鳴らし、鼓をたたく。果ては張り扇で相方を張り倒す。名古屋万歳は人気を呼び、多くの芸人が真似をした。

再び知多側の記録を紐解く。寺本出身の扇屋豊丸という人が、同じく名古屋万歳という名前で、近畿圏にて知多の三曲万歳（芝居万歳）を興行したとある。初めは寺社の境内で演じる程度であったが、これを寄席に抜擢したのは、初代の吉本興業会長、林正之助であった。昭和二年、大阪道頓堀の弁天座に出演したという記録が残っている。

万歳専用の寄席ができ、やがて和服をスーツに着替える。

先ほどの砂川捨丸と同じく、円辰というと、名前になじみのあるオールドファンも多いだろう。

その昔、横山エンタツと花菱アチャコという漫才師がいた。筆者が物心ついたころは、この二人はもうコンビ別れしていて、「早慶戦」などという漫才もすでに伝説化していた。一人ずつテレビや映画に出て、思い出話をしていた時代だったが、その片われの横山エンタツ、この円辰が名前の由来にも関係している。身近な会話で笑わせる「しゃべくり漫才」の誕生である。

しゃべくり漫才の最高峰、「いとし・こいし」の喜味こいしは、一〇歳で万歳師匠に弟子入りしたとき、始めは鼓を片手に演じる万歳を教えられた。「こんなもん古い。しゃべくりを練習したらいい」と思い転換したという。

観客が増え、吉本興業によって、昭和三三年に『万歳』から『漫才』へと呼称が変えられる。そして、「ダイマル・ラケット」や「いとし・こいし」、「やすし・きよし」の漫才全盛期へとつながる。

まぎれもなく今の漫才の原点は、尾張万歳にあった。太夫がボケ、才蔵がツッコミ。砂川捨丸の留学はもちろん、しゃべくりも音曲漫才も、すべて北川正己の言うとおり、知多尾張万歳がルーツであった。

帝京平成大学などの研究により、学術的にも裏付けられる歴史の事実である。当の吉本芸能も、この変遷過程を正確に認めている。

万歳公演出発式（昭和初め頃）

万歳の広がり

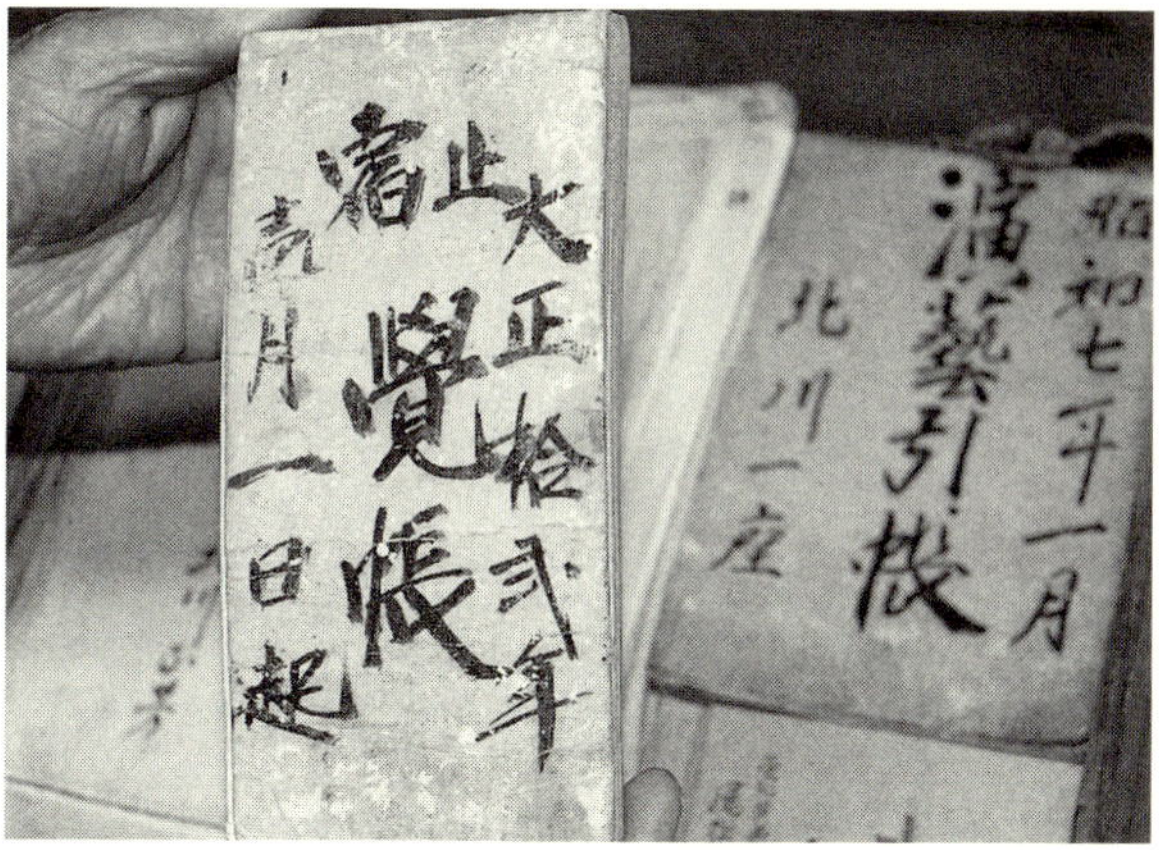

門付万歳の旅、大正時代の宿帳

繰り返すが、北川幸太郎の交友関係は広い。

人格に、いわゆる「くせ」がない。備えた芸の高さはいうまでもないが、その道の第一人者に共通の、自尊心の頑《かたく》なさも感じられない。笑いを呼ぶ万歳を続けたことで養われた人柄にもよるのか、誰とでも温厚に関わることができる。当然、周りに人が集まる。集まった場所では、明るい笑い声が響く。まさしく芸能の原点。万歳を演じていなくても、人を明るい気持ちにさせる。

その延長と考えてもいいのだろう。古典芸能の主催者としてのつながりも、全国各地に広がっている。先に、小沢昭一さんとの深い関係について述べた。他に、全国の万歳関係者との連携も、しっかりとしたものがある。

こんなできごとがあった。地元知多市に歴史民俗博物館があるということを述べた。勤める若い女性学芸員が、尾張万歳に触れてみたいと願い出て、土曜の夜に幾度か通ってきた。場所は例の知多市青少年会館だ。すぐにのめり込み、おもしろみが少しわかってきた頃に、学芸員としての転勤があった。

転勤先は石川県金沢市だった。北川正己に残念な顔で申し出る。

「会長（正己）さん、もう万歳を習うことができなくなりました」

転勤を聞いた北川は、即座に答えた。

「金沢には、加賀万歳というものがあるよ。わしが連絡してやるで、そこで習ったらいいがね」

女性学芸員は、驚きながらも安堵《あんど》した。

直後に転勤する。この女性が加賀万歳保存会会長の田中久雄氏を訪ねると大歓迎であった。すんなりと仲間に加えてもらえた。むろん直前に北川から電話が入っている。ご多分に漏れず、加賀万歳も後継者不足で悩んでいた。

今もときどき北川正己のところへ、双方から連絡が入る。会長の田中氏からは、「すごく熱心にやってくれてますよ」。片や、若い女性学芸員からは「おもしろいです。楽しんでます」。

加賀万歳、中央・田中会長

うちに、「会長さん、今度テレビに出られるんですよ」という電話が掛かってきた

伝え聞いた番組を見れば、確かに加賀万歳の衣装を着て、角の方で恥ずかしそうに演じている女性学芸員がいた。姿を見て正己もうれしかった。

例を一つあげたが、似たような話は語り始めたらきりがない。万歳界を中心に、全国各地とつながっている。

一時期の目の回るような忙しさはないにしても、今も尾張万歳保存会に対する出演依頼は途絶えることがない。最近の正月だけを取ってみても、元旦の地元八幡神社奉納が、午前・午後に二回。二日には東山動植物園で公演、園内で場所を変えて三回行う。かれこれ二〇年近くになる恒例行事だ。

松が明けると、名古屋市東区にある徳川美術館で出演。同じ日には、名古屋市名東区の「うりんこ寄席」という小劇場で演じる。

一月はホテルでの公演も多い。いずれも名古屋の一流ホテルから声が掛かる。西区にある文化賞劇場でのイベントにも出る。県の農水課から頼まれ、全国農水課会議のアトラクションとしても演じた。

季節を問わず、老人クラブなど小さな催しに呼ばれることは多々ある。正己は日程が合えば断ることはない。比較的暇な月もあるが、年間公演数は、数年前より少し増加している。

テレビ出演も多い。NHKや各民放テレビ局、地元ケーブルテレビで取材を受ける、出演する。旅番組で、知多市や知多半島を紹介するものでは、必ずといっていいほど登場する地元のスターである。

中京地区で有名なテレビ番組に、板東英二の「そこ知り板東リサーチ」というものがある。ローカル番組だが、地元での視聴率は案外高い。その第一回で「魚幸」を、つまり尾張万歳家元北川家を訪れた。夫婦で出演した。

同じくローカルで、西川きよしの「お元気ですか」という番組。やはり北川宅を最初に訪れている。来れば必ず興味深い番組が作られる。人柄に触れる楽しさもあるが、知多の文化を紹介するのに、尾張万歳と北川正己は欠かせないのである。番組を制作している側の期待を絶対に裏切らない。内容あるものが必ず得られる。

タレント石原良純と番組出演記念写真

ただし、聞けば出演料というものはほとんどないという。番組のロゴが入ったボールペンが一本ということもあった。遠出しても、交通費分さえ出ないこともある。まさしくボランティアの世界だ。それでも頼まれたら断らない。

すべて、万歳を少しでも多くの人に楽しんでもらいたい。万歳という文化を次の時代に伝えたい、残したいという気持ちからであった。

日本国中を見渡せば、全国各地に残っていた放浪芸が、どんどん消滅している。「あの芸能は後継者がなくなった」という噂も、時折耳に入る。何とかしたい。いつか自分が演じられなくなる日が来ても、「いや大丈夫。立派な後継者がいますよ」という状態にしたい。

自分を『最後の万歳師』にしたくない。

焦りとまでは言わないが、北川正己の頭の片隅に、常に引っ掛かっていた。

例えば、同じ愛知県内の三河万歳については、ときどき情報が入ってくる。述べたように、憂慮すべき状態であった。

三河万歳の章で触れたが、安城に若杉昇平氏という人物がいた。戦前に別所万歳の中心的後継者と目されていたものの、訳あって茨城県下館（現在の筑西市）へ引っ越す。この人が正統の別所万歳を演じることができた。

昇平氏は一家族だけで転居したので、当初は三河万歳を演じることはできなかった。のち、成長した息子さんを才蔵に仕立て、昭和四〇年代には何とか太夫才蔵の万歳芸を復活させた。

時に故郷安城で、正統の三河万歳が途絶える。市側に請われて茨城県から遙か三河安城まで出向き、正統の別所万歳を伝授した。

この若杉氏と北川正己は、昭和五〇年代中頃、東京国立劇場で行われた民俗芸能公演会で再会している。このとき正己は、若杉氏にふと言われた言葉が耳に深く残っている。

「北川さん、あなたは幸せな人だ」

「どうしてですか」

素朴な疑問を投げかけた北川に、若杉昇平氏はしみじみ答えた。

「尾張（万歳）は、あんたたちによって残った。三河の万歳は、今も盛んに行われている。だがやっているのは尾張の万歳だ。尾張万歳が三河にも広がった。残念だが、あれを三河万歳だと信じている人も多い。尾張万歳は栄え、三河の万歳は廃れたんだよ」

尾張万歳の隆盛に対し、若杉は三河万歳の行く末を案じていた。

その当時、三河安城でも万歳は行われていた。これも触れたことだが、寺島高義という人物が、本家八幡寺本の浜小根にあった万歳グループ、㈧一座に加わっていた。北川正己の家からもそれほど遠くない、かつての漁港があったあたりに、御殿万歳や三曲万歳を演じるプロの演劇集団がいた。その仲間に入った寺島氏は「尾張万歳」をしっかりと身につけ、やがて故郷安城へ帰る。

当時、若杉昇平氏はすでに転居した後である。安城で、自分が習得した万歳を仲間を募って演じる。観客に受けて、やがて広まり定着した。したがって、寺島氏が演じる万歳は、まぎれもなく尾張のものであって、三河万歳ではない。

ときに正調の別所万歳を演じられる年配者が絶えていた。つまり、若杉氏の故郷安城から「別所万歳」が消えていたのである。代わって、別の地区の万歳が受け入れられた。

若杉氏の憂いは当然のことであった。

前述したように、事態を重く見た安城市が、これではいけないとたびたび若杉昇平氏を招いて、正統の別所万歳保存に努めた。結果、若杉氏ははるばる茨城県から愛知県安城市

安城別所万歳

まで何度もやってきては、三河万歳を後輩に伝えた。そのときは昇平氏の子である若杉範義氏が才蔵を演じるまで育っていた。つまり、親子で別所万歳を演じることができた。

北川正己が聞いた話では、親子で関東近隣に門付に出たこともあったそうだ。したがってこの親子は紛れもなく正統三河万歳のプロ。二人が演じる万歳を、そのまま安城市は受けいれ、門戸を開放して後継者養成に尽力した。なか、安城農林高校で氏の万歳に触れ、いたく感銘を受けた広村幹利氏という若い世代も現れた。

正己も、同業としての三河万歳の行く末を案じていた。若き後継者としての広村氏の存在も知っていた北川正己は、何年かのち、三重県鳥羽市で開かれた万歳共演会で、偶然この二人と出会う。

正己とほぼ同世代であった若杉範義氏も、油の乗りきった頃だ。相方である広村氏の顔を初めて見た北川正己は、「三河万歳、頼んだよ」と語りかけた記憶がある。「はい」としっかり返事をした広村幹利氏の顔は、自信に満ち溢れていたと正己は回顧する。彼は現在、母校安城農林高校で後輩の指導に努めている。

〈御殿万歳〉

改めて御殿万歳の台詞を綴ってみよう。

触れたように、御殿万歳とはもともと地割万歳とよばれていたのものが、尾張徳川家の横須賀御殿で演じられたことから、その名がついたと伝承されている。繰り返すが、一般的には別の説を述べることが多い。

台詞《せりふ》をたどるとわかるように、柱一本一本に神様が宿り、瓦をを伏せ最後に七福神が現れて新築を祝う。御殿が建っていく様を示しているから御殿万歳というものである。現在の研究書は、ほぼこの由来を採っている。また東海市御殿万歳保存会自身も、現在は様々な起源を紹介している。

内容を簡単にまとめると、こうなる。神様を呼ぶために柱を一本一本立てて家を作り、正月の飾り物を置いて門を開いたところ、七福神が舞い込んできた。

まさしく、めでたい尽くしの連続である。

太夫は中央に一人、才蔵は左右に同数並ぶ。普通は二人、二人の計五人が多い。七福神を演じるから、左右三人ずつ

御殿万歳（中央・正己）

で七人というのは、三河万歳で広く言われていることだが、あとからこじつけたものである。

（凡例　鼓連打…　鼓一つ・「ポン」　鼓一つ△「ポ」）

太夫　おめでとうございます
才蔵　ヨーヨー・・ヨーオ・ヨー　△　ヨ・・
太夫　陰陽、鶴は千年
才蔵　ヨーヨー・△ヨ・
太夫　亀は万年の　ヤお祝い申す
才蔵　ヨーヨー・ヨー△ヨ・・
太夫　千代も栄えて
才蔵　ヤレ万年のヤ　お祝い申す
太夫　乾《いぬい》の隅より
才蔵　ヤレ黄金のコリャ　芝葉《しばは》を持って
太夫　左巻にも
才蔵　キリキリと
太夫　・右に・巻いてもソロリヤット
才蔵　一夜《や》一夜　面に面に
太夫　万本ばかりの

才蔵　柱御本よ
太夫　・お取り・込んで・合わすれば
才蔵　一本の柱が一宮
太夫　真澄《ますみ》高尾の
才蔵　大明神ヨ
太夫　・二本の・柱が・二の宮神社
才蔵　三本の柱が榊《さかき》の神社
太夫　四本の柱が
才蔵　弁財天よ
太夫　・五本の・・柱が津島の神社
才蔵　厄神《やくじん》除けなる　御尊《おみこと》
太夫　・六本の・・柱が正八幡《しょうはちまん》ト
才蔵　七本の柱が七尾の天神
太夫　八本の柱が
才蔵　八劔宮《はっけんぐう》ヨ
太夫　・九本の・・柱が熊野の神社
才蔵　十本の柱が十羅刹《らせつ》
太夫　十と一本の

才蔵　柱御本よ
太夫　・いくぢ・八劔《やつるぎ》熱田の神社
才蔵　十と二本の柱御本よ
太夫　・讃岐の・国では・琴平《ことひら》神社
才蔵　十と三本の柱御本よ
太夫　・三十・さてまた・六童子が
才蔵　天降らせ給いける
太夫　瑪瑙《めのう》の石の
才蔵　この御上《おんうえ》
太夫　妖悪《ようあく》神災難はこれを見て七里鬼海《けっかい》遠くへ去り給う
才蔵　ヨー　ヨー・・…ヨーオ・ヨーオ　ヨ・・
才蔵　（一人）福の神は、エー皆々様へ
太夫　入り万歳を候えば
才蔵　さてこそやこの御家
太夫　栄・悦び・候・ら・い・ける
才蔵　オオ誠に目出度候いける
太夫　鶴は方便　吉祥《きちじょう》・千年
才蔵　遙かにヤハラ目出度いところ

太夫　これからオ・蔵・ヤ・ソ・ロリヤ・ソロソロ
才蔵　囃《はや》せ申せ万歳
太夫　エヘ万歳
才蔵　オホ万歳
太夫　エヘ才蔵 オホ（繰り返し）
太夫　万歳・ヤハラ千・・歳・ヤ・
才蔵　男太夫さんお待ち名しゃんせ、こ待ちなしゃんせこれよ
太夫　これは・やはりオ・蔵・・・や・
才蔵　太夫様が万歳なら かように申す才蔵は
太夫　尾張の・国や三・河の国
才蔵　若狭の国なる八百比丘《びく》
太夫　白髪に小股の 生えるまで
才蔵　エヘヘコシャコシャとさくまで万歳
太夫　昔入れば白・・河・・の
才蔵　将軍様の御時に 熊野様へご参詣に渡らせの砌《みぎり》
太夫　砌は・やはり・年・・衆・の・
才蔵　万歳楽の冠《かんむり》たる、 烏帽子のサ 左折りや風《かざ》折りなぎひの葉の二枝も賜れ
ばコレヨ

太夫　賜・れば才・・蔵・・や
才蔵　左が三十三カ国なら右も三十三国
太夫　合わす・れば六・十・の・
才蔵　六ケ国や鳴子の舞
太夫　オヤ舞もすれば
才蔵　天朝様も泰平
太夫　泰平・安《あん》の国中《こくじゅう》・を
才蔵　祝い納むる舞もうて　エヘヘ天の岩戸を開き初めと試す
太夫　試す・には世・々・の・末・
才蔵　世々の末には変わらずに若水がチョロリチョロチョロ　チョロリヤチョロチョロ　チョロリヤチョロチョロ　チョロリヤチョロチョロ
才蔵　変わる春の元日
太夫　お伊勢では　お宮様の御門が
才蔵　オヤ都では　内裏《だいり》様の御門
太夫　花のお・江戸へ下・り・て・は
才蔵　天朝様のお城
太夫　御本丸や西の丸
才蔵　日比谷が門から虎の門

太夫　神田橋や鍛冶橋
才蔵　呉服橋の御門
太夫　御門な・んぞを開・・く・時・
才蔵　音がするぞよ キリンの声だよ
太夫　キリキリ　才蔵 カラカラ（繰り返し）
太夫　パーと開いた
才蔵　さてこそそのこと
太夫　オヤ御門といや
才蔵　仰《おっしゃ》れんばこれよ
太夫　正月・のこ・と・な・れば・
才蔵　そこらのそれそれ嬢さん達
太夫　手鞠の拍子がストトコトン
才蔵　オヤストトトコトンと 囃子込んだじゃないか
太夫　ソーリャ一や二や三や四
才蔵　五や六や七つ
太夫　七つ何事ない様に
才蔵　西宮の御大将
太夫　オヤ誰じゃ何方じゃ

才蔵　恵比《べ》須三郎じゃないか
太夫　エヘ　才蔵　オホ（繰り返し）
太夫　そのまたお・次は誰・な・れば・
才蔵　お色の黒い大黒天
太夫　エヘオホ（繰り返し）
太夫　誰じゃ何方じゃ
才蔵　大黒様ではないかいな
太夫　そのまたお・次は誰・・な・れば・
才蔵　鼻水垂らした身汚い
太夫　海老腰姿の爺さんが
太夫　エヘ才蔵　オホ（繰り返し）
太夫　誰じゃ何方じゃ
才蔵　寿老人ではないか
太夫　そのまたお・次は誰・・な・れば・
才蔵　お腹の大きなホテテコテン
太夫　ホテテコテン（繰り返し）ホテホテホテホテホテテテコテンの
才蔵　布袋様ではないか
太夫　そのまたお・次は誰・・な・れば・

才蔵　頭の長いがオホホノホ
太夫　エヘ　才蔵　オホ（繰り返し）
太夫　誰じゃ何方じゃ
才蔵　福禄寿ではないか
太夫　そのまたお・次は誰・・な・れば・
才蔵　お色の白い　目ばちやかなる太夫様
太夫　どうにも
才蔵　こうにも
太夫　グンニャリ　才蔵　スンニャリ（繰り返し）
太夫　グンニャリスンニャリ目ばちやかの
才蔵　弁財天ではないか
太夫　そこで毘沙門悋気《りんき》して・
才蔵　七福神のその中で
太夫　弁財一人を誰が褒めた
才蔵　オヤ　誰が褒めたと一杯機嫌で申す
太夫　受けて悦・ぶ御代なれば・
才蔵　歌い初めの　舞納め
太夫　エヘヘ

才蔵　オホホ
太夫　エヘ才蔵　オホ（繰り返し）
太夫・才蔵　ワッハッハハハ
太夫　笑う門には福来たる 遠江《とうみ》には福の蔵
才蔵　南風《なんぷう》には なみなみと
太夫　千秋《せんしゅう》
才蔵　・・万歳楽までも

振り付けが複雑で、特に七福神の形態模写は笑いを誘う。尾張万歳の門付はこの御殿万歳のいいとこ取りをしたもので、締めに七福神の名を唱えて終わる。七福神の形態を正確に演じることはない。口から出たアドリブの結晶である。

三曲万歳、知多での再演

鷺坂伴内と三人の家来

平成二一年六月に京都で三曲万歳を演じた後も、北川正己にはある思いがくすぶっていた。確かに三〇年ぶりの再演は成功だった。やってよかった。

京都公演の噂を聞いて、「地元でもやってぇな」と言ってくる声は、正己自身も何度も聞いた。しかし上演に至るまでには、越えるべき障害がいくつかある。

まずは衣装だ。京都で演じたときは、京都芸術大学の田口教授が全面的に協力してくれた。尾張万歳保存会が要求すれば、たちまち目の前に衣装や鬘《かつら》が並んだ。東映京都撮影所や松竹衣装が全面的に協力してくれた。

これをもし地元で再演するなら、すべて自前で揃えねばならない。どれもそこらの店で簡単に売っている代物ではない。かつて地元で、尾張万歳の必需品を手作りしていた職人はすべて廃業している。もしあっても、素材も高級なものばかりで大量生産はできない。目玉の飛び出るような値段である。当然借りることとなるが、その目当ては、あるいは借り賃は。

かつて懇意にしていた名古屋大須の貸衣装屋は、すでに廃業していた。まず、店探しから始めなければならない。道のりは遠い。

だが、言い訳ばかりしていても前に進まない。かならずいつか、地元で三曲万歳を演じてみたい。故郷知多の人々に、芝居万歳の神髄に触れさせてやりたい。そう念じていた。

そんな折、必然的な流れから再演の機会が訪れた。

地元知多市は、平成二二年に市制四〇周年を迎える。今から二〇年前、平成二年に市制二〇周年の記念行事として「全国古典万歳共演会」を開いたことを前に述べた。一〇周年でも記念事業の一環として、万歳共演会なるものを開催していた。

平成二二年。知多市制四〇周年でも同様の企画が計画される。協賛行事として、「愛知県民俗芸能祭」なるものを、知多市の勤労文化会館で開催することとなった。愛知県行政側からの依頼であった。もちろん、尾張万歳を念頭に置いたものである。

即座に保存会に声が掛かる。依頼する愛知県側では、普段の万歳公演パターンを考えていた。四〇分少々の時間を充て、門付万歳、御殿万歳、そして三味線、鼓、胡弓の三つの楽器を持った音曲万歳をするというものだ。

しかし、北川正己の頭の中で別の思いが沸々《ふつふつ》と湧き上がった。

前年、京都で行った芝居仕立ての三曲万歳、これを五〇年ぶりに地元で演じてみたい。万歳の故郷、知多で再び公演したい。今度は頼まれてやるのではない。自ら進んで挑み、一人でも多くの地元の方々に触れていただきたい。そう決心した。

決意の陰には、北川正己自身に、三曲万歳に対するまったく別の角度からの思いがあった。

尾張万歳のルーツについては何度も述べた。例えば、東海市には立派な御殿万歳が残っていることを前に書いた。御殿万歳という言葉自身が東海市南部にあった横須賀御殿に、その起源がある。つまり東海市は御殿万歳発祥の地だ。しかし、現在の東海市万歳保存会の一部の人は、「御殿万歳は、三河に教えてもらった」と言ってはばからない。

「尾張万歳とは」の項で触れたように、三河万歳は基本が四万歳である。現在演じている御殿万歳は、尾張万歳に起源を発すると、三河万歳師たちも認めている。近世になって演目の幅を広げようと取り入れたのが、尾張万歳の中の御殿万歳。のはずが、東海市の万歳が、伝えた先の三河から習ったとは…。

それも当然で、実は東海市で御殿万歳を演じている一角は、本当に三河へ行って学んでいた。知多という隣人に頼むことに抵抗があったのか、実際に安城へ行って御殿万歳を修徳してきた。だから、「わしら、三河で習ったでね」というのは当然だ。しかし、これはきわめて残念な経緯である。

言いたいことがわかってもらえるだろうか。つまり、本家から伝えた物を、伝えた地に出向いて再び本家が学ぶ。そして、「よそで習ってきた」と言う。ここは、万歳の老舗としてプライドをぜひ守ってもらいたい。御殿万歳は、知多がまぎれもない発祥の地だ。実際に出かけて練習したとしても、「三河から学んだ」とは、口が裂けても言ってほしくない。それが尾張万歳の心意気であるはずだ。北川正己は、この話題になると口が重くなった。

他に目を移せば、知多半島内のある地区にも万歳を演じるグループがいる。見て拙《つたな》い芸であるという。人のことをとやかく言うことは、北川正己は好まない。しかし、そこで演じている万歳師が、「この芸は、知多八幡で学んできたものです」と口上するのだけは許せないと語る。

確かに、その地で演じている人を北川正己は知っている。だが、学んだというよりも、公演会場に勝手に入り込んで、見よう見真似で演じただけの芸である。いかにも師匠について特訓を重ねたように言うのは、芸を極めた者として残念であった。

庭先での三曲万歳名人芸（昭和初め頃）

三曲万歳についても同様の思いがあった。

かつて知多八幡では、明治以降、あちこちに社中が作られ、互いに芸を競った。切磋琢磨し、すばらしい歌舞伎の演目を築き上げた。残念ながらほかのグループは跡継ぎがいなくなり、今は北川社中だけになってしまったのは述べた通り。その北川社中も、長い間三曲万歳をを演じることを捨てていた。

ところが他地区に目を向ければ、現在、先ほど触れた地区でも、あるいは東海市でも三曲万歳が演じられることが時折ある。残された台本をもとに、数人で練習し、披露しているらしい。内容を噂で聞けば、いずれも出来はよくないという。実際見に行った保存会会員もいたが、がっかりして帰ってきた。

別段、演じることはよい。決して専売特許を申し出て、万歳の広がりを妨害する気はない。しかし、「三曲万歳ってこの程度?」と思われることが、正己は残念でならない。

名人なるが故に、わかる思いである。何とかしたい。地元のなるべく多くの人に、本物の三曲万歳、歌舞伎仕立ての万歳の神髄を見せてやりたい。万歳本家こその熱き思いが、北川正己を駆り立てていた。

改めて考えた。

昨年の京都での三〇年ぶりの上演は、若い者に機会を与えてやろうと、重い役柄に積極的に関わらせた。結果、各人がそれなりに成就感も味わった。今度はもっとこれを進めたい。

演目は前年と同じ、『仮名手本忠臣蔵三段目、足利館裏門の場』と決める。前述したようにお軽・勘平の道行きである。主役はもちろんお軽と勘平。取り方役の鷺坂伴内《さぎさかばんない》が舞台回しとして重要な役割を占める。何度も述べたが、この伴内が北川正己の当たり役であった。前年と同じく、それを若手の藤本知優に譲る。

勘平も同じく若手の高橋勇雄が演じる。お軽は、京都では中堅の月東和雄が演じた。男性である。今回はそこへ女性を充てることとした。

実はこの直前、尾張万歳保存会に若い女性の入会申し込みがあった。むろん素人である。聞けば、正月に名古屋市で行われた「うりんこ劇団」での尾張万歳公演。まったく白紙の状態で見たこの女性が、万歳という奥深い芸能に大変興味を持った。何ヶ月か躊躇《ちゅうちょ》していたが、ついにこらえきれなくなって、保存会の門をたたいた。

「仲間に入れてほしい」

折しも、三度目の三曲万歳公演に向けて、配役を思案していた北川正己は、彼女のやる気を感じ取り、清水の舞台から飛び降りた気持ちで、「お軽の役をやってみないか」と持ちかけた。そして、前年の京都で行った三曲万歳のＤＶＤを持たせた。

「これを見て、決めてくれいや。やるかやらんかを」

一週間後の返事は、「ぜひやってみたい」であった。瞳が輝いていた。なら話は早い。さっそく、みんなの了解を得て、特訓を開始した。

青少年会館での練習をのぞいてみた。

この女性、名前を山本ちひろと言う。役を受けるについて戸惑いはあった。尾張万歳の基本を、できれば御殿万歳くらいを教授させてもらおうと考えていたのに、いきなり聞いたこともない三曲万歳の、それも主役とは。

初めは、京都の折にお軽を演じた月東から、相向かいで台詞を指導される。やがて、所作が加わった。肝心なところは、北川正己を中心に何人かで取り囲んで、まさしく手取り

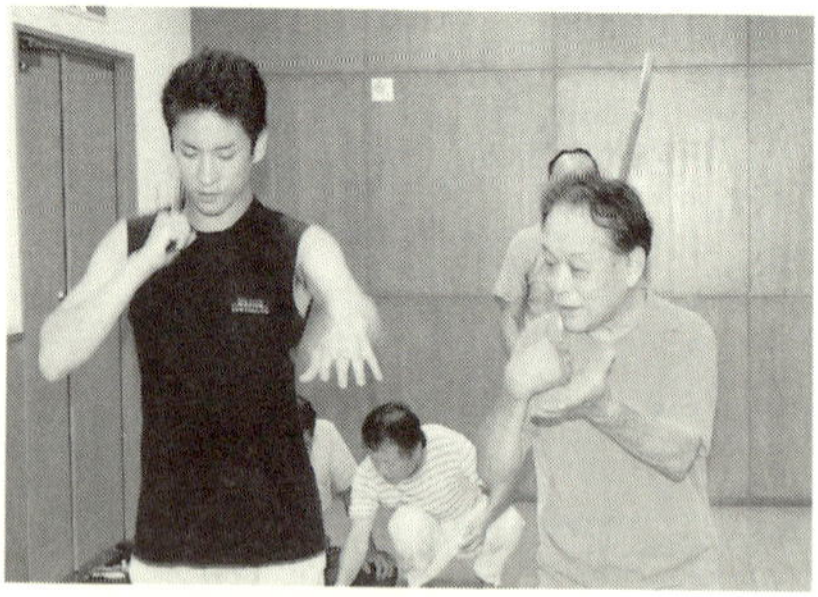
若手へ熱のこもった指導

台詞を読み合わせる

足取り指導した。

もともと備えた素養があったのか、回数を重ねるごとに上達している様子が感じ取れた。その間も、青少年会館二階の別の場所では、正己が若手中心に稽古を反復する。

繰り返すが、『仮名手本忠臣蔵三段目足利館裏門の場』は、勘平とお軽の逃避行だ。しかし、尾張三曲万歳では、鷺坂伴内が展開の中心といっていい。彼が演じる滑稽さが、観客の心を引きつける。いきおい、伴内役の藤本への指導には熱が入る。かつて自分に浴びせられたような厳しい声も、正己から飛ぶ。

八月下旬に入り、衣装や鬘の寸法合わせも行われた。まとめて、豊橋にある歌舞伎専門の貸衣装屋に頼むこととなっている。

東三河各地には農村歌舞伎が残されており、衣装やに対するニーズは多い。豊橋には、そういった需要に応じる立派な貸衣装屋が現存していた。情報をつかんでいた正己は、遠路何度もこの店に通った。綿密に打ち合わせをし、必要なものをピックアップする。サイズを測る。注文する。

そしていよいよ当日を迎えた。

九月一二日、知多市勤労文化会館での「愛知県民俗芸能祭」。出し物は全部で五つあった。愛知県内各地から、雅楽《ががく》あり、祭り太鼓あり、伝統の「棒の手」ありの変化に富んだ内容だ。いずれも県または市から文化財指定を受けている。

最後を飾る尾張万歳だけが、国の重要無形民俗文化財だ。「国指定」という立場に誇りもある。観客は、当然ながら内容を比較する。中途半端なことはできない。

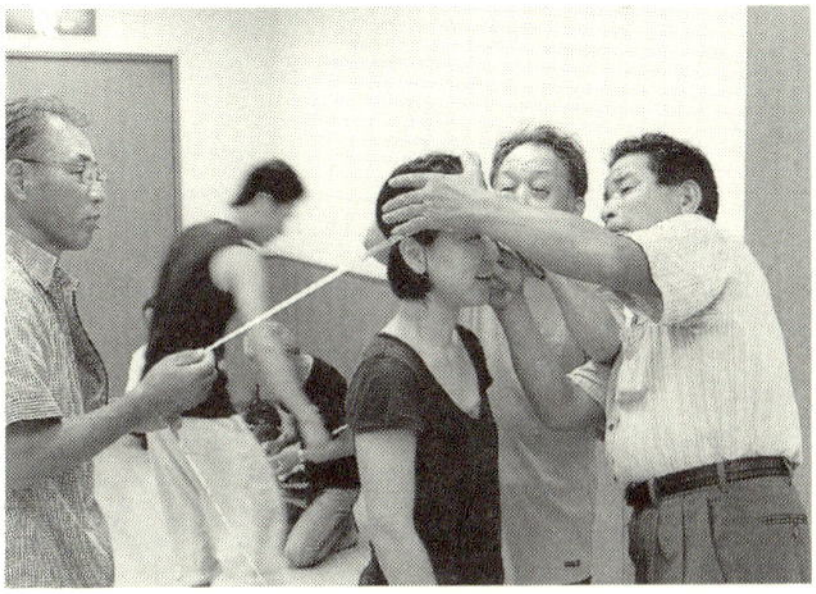

頭のサイズを測る

当日、千人弱収容の会場は、県内各地から集まった人々で超満員であった。入り口には整理券を持たずに来場し、入れてもらえるのを待っている近隣の年配者もいた。

開演は一時。一つの演目が、出入りも含めて約三〇分である。歓声と拍手の中、厳粛に進む。当たり前だが、いずれの出し物も見応えは十分だ。

いよいよ大トリ、尾張万歳の出番が迫った。

北川正己以下、年長組は会館内別棟の会議室に陣取って

化粧を施した3人の顔

いた。

お軽、勘平、伴内の三人は、舞台そばにあるリハーサル室で、プロの着付師に対処してもらっていた。豊橋からわざわざやってきた仕事人は、三人に衣装を着せ、鬘を被せ、さらに見事な化粧を施していた。

やがて全員が集合。本番舞台に隣接した控え室へ入る。若手に緊張がみなぎっていた。お軽役の山本は、何度も台詞を口ずさみ、大きく深呼吸を繰り返す。肩が小刻みに震えている。

舞台脇に移る。直前の演目が終わる。さて本番。

初めに北川正己が司会に促され、幕の前に出て出し物の説明をする。

「…せっかくの機会ですので、三曲万歳をやらしていただきます。地元知多市で行うのは五〇年ぶりです…」

五〇年ぶりという言葉に、会場から小さなどよめきが漏れる。三曲万歳という言葉になじみのない観客も多い。北川社中自身は、前年に京都で演じていた。その三〇年前、東京でも演じた。しかしここ万歳の故郷知多で正式に催されるのは、まさしく五〇年の間隔を置いていた。正己の妻美智子も、北川社中の三曲万歳を見たことがない。結婚して以来記

正己が出し物の説明

憶になかった。

正己は続ける。

「…お軽役を、初めて尾張万歳保存会に加わった女の子にやらせます。どうか温かく見てやってください…」

それだけでパラパラと拍手が湧く。説明が終わり、盛大な拍手。期待の大きさが感じられる。

幕が上がった。

初めは御殿万歳。太夫一人に才蔵四人で、後半部分だけを行う。いつ見てもあでやかだ。三分ほどで、終了する。さていよいよ万歳の故郷知多市に、三曲万歳が戻ってくる。

右手に、三曲万歳の語源ともなった三人の音曲師。手に持つは、三味線、鼓、胡弓。楽しそうに体をくねらせて謡う。

やがて勘平登場。そしてお軽。きらびやかな衣装とその出で立ちに、会場から自然と拍手が出る。

まだ観客は、何事が起こっているのか事態を把握できていない。台詞の合間に、音曲が流れる。

さて鷺坂伴内が、三人の家来を連れて入場。滑稽な動作、台詞が続く。このあたりか

御殿万歳を華やかに演じる

三人の地方《じかた》の音曲

お軽と勘平のやりとり

ら、会場から遠慮なく笑い声が響き始めた。昨年の京都より、反応が早くそして大きい。お軽・勘平と伴内との軽妙なやりとり、大きな笑い声。拍手。

様々な掛け合い、やっとう（剣劇）があり、その都度大きな笑い声。

終了する、揃って退場。

幕が下りる。ひときわ大きな拍手。中には立ち上がって拍手を送っている人もいる。ひいき目ではなく、間違いなくこの日一番の拍手が続いた。歓声が響く。「すばらしい」、「おもしろい」の声があちこちで飛び交っていた。カーテンコールを求める反応もあった。観客をすべて引き込んだ。会場と一体になった。

舞台裏で、並んで記念写真を撮る。誰の顔にも、笑顔が弾けていた。

伴内と三人の家来の滑稽な会話

なか、お軽役の山本は涙をこらえることができなかった。以前から彼女は、万歳だけでなく歌舞伎にも興味を持っていた。この話を持ちかけられた時、深く考えず承諾した。承諾はしたものの、知多とは関係のない名古屋市在住の自分が、伝統ある三曲万歳を演じていいのだろうか。それ以上に、女が演じることで、由緒あるこの芸能を汚すことになりはしないか。

言いようのない不安感に、日々襲われていた。

しかし、のめり込めばのめり込むほど、楽しくなっている自分がいた。年齢という垣根を越えて、万歳衆との絆がどんどん強まる気がした。いつしか山本は、「結果を求める」という気持ちを忘れ去っていた。心の底から万歳を楽しんでいた。そして本

三曲万歳、知多での再演

伴内、勘平に討ち取られる

舞台裏、全員で記念写真

番、見事に演じきった。言葉にできない達成感が体にみなぎった。

　伴内役の藤本も、なかば放心状態であった。二度目であったが、京都以上の感動が体を駆け抜けていた。勘平役の高橋勇雄も、呆然と立ちすくんでいた。二人とも、まるで憑き物が落ちたようなさわやかな表情をしていた。

「よーがんばった、よーがんばった」と北川正己の声。言う間もなく舞台裏へ駆けつけた人の波が握手を求める。

　歩いて、別棟にある会議室へ戻る。そこへも、感激した関係者が次々に訪れる。

「よかったよ」

「こんなに楽しいの、初めて見たわ」

　矢継ぎ早に声が掛かる。

　この会を主催した県教育委員会の代表者も、わざわざ部屋にやってきた。

「本当にすごい。知多市にはすごいチームがありますね」

　社中の一一人プラス一人をチームと評してほめちぎった。入り口脇には、正己の妻美智子や、神奈川県から遠路駆けつけた長女のほっとした笑顔もあった。

　正己はどよめきの中で、そっとつぶやいた。

「やってよかったわな」

　笑顔をきりりと引き締め、こうも言った、

「わしの目の黒いうちに、衣装なんかを揃えてやらないかん」

触れたように、衣装や鬘は、遠く豊橋の貸衣装屋から取り寄せたものである。三人分の衣装、鬘、化粧、着付けで三〇万円近くかかった。尾張万歳宛てに、国や市から出されている補助金全額を超える金額である。これだけで、保存会にあった蓄えは吹き飛んだ。ということは、三曲万歳を演じるにあたって、毎回それだけの金が掛かるということ。そうではなく、尾張万歳社中に常備してやりたい。やりたいときに、すぐに衣装や鬘が取り出せる。思いついた時、依頼のあった時に即座に三曲万歳ができる。その状態にしておきたい。もちろん一度には無理である。徐々にでいい、衣装や小道具を揃えていってやりたい。

密かな願いが、折から口に出た。

すでに尾張万歳家元、五代目長福太夫北川幸太郎の目は、未来を見据えていた。

滅びゆく芸能

本著の主人公、尾張万歳家元北川幸太郎こと北川正己は、五代目長福太夫《ちょうふくだゆう》を名乗っている。この○○太夫というのは、長福太夫つまり北川社中の専売特許ではない。

かつては、知多八幡には多くの万歳社中があり、たとえば、上羽《あげは》太夫や蝶太夫という家元もいた。

この上羽太夫や蝶太夫は、いずれも正己の父、四代目長福太夫であった北川正一と同世代であった。日露戦争前後の生まれというところか。もちろん鬼籍に入っている。

万歳研究書によれば、上羽太夫は名を山本源治、また蝶太夫は森田清松《せいまつ》といった。

それぞれ太夫は、ちょうど檀那寺のように自分の檀家を持っていて、新年には日程や順序をあらかじめ決め、家々を回った。畳に上げてもらい、年頭のあいさつをし、神棚や仏壇に向かって万歳を奉納する。家族には背を向けた形で、家の宗旨宗派に従い五万歳の一

中央・上羽太夫　山本源治氏（昭和中頃）

つを言祝いだ。その後、場に応じて楽しい福良持倉や入込を演じることもあった。
万歳が済むと家族と会話を交わし、「おばあさんはお元気かね」とか「お子さんも大きくなられましたね」などと、よもやま話をして帰る。引き取るとき、ご厚志（白米や現金）をいただく。その際、面白い風習があった。各太夫は、それぞれご厚志のお礼として、お守りを渡していった。本著の主人公長福太夫は、「火の用心」と書かれた木版刷りの札を置いた。上羽太夫は「家内安全」と書かれた札を、また蝶太夫は、もっと素朴にタツノオトシゴの干物をお守りとして渡した。

信州から美濃、尾張へ続く養蚕地帯は、昔より馬頭信仰が厚く、タツノオトシゴをめでたく思う風潮があった。蝶太夫こと森田清松氏は、本業が浜仕事であり、一年を通じて採集を心がけ、正月に万歳巡りをするときには、干したタツノ

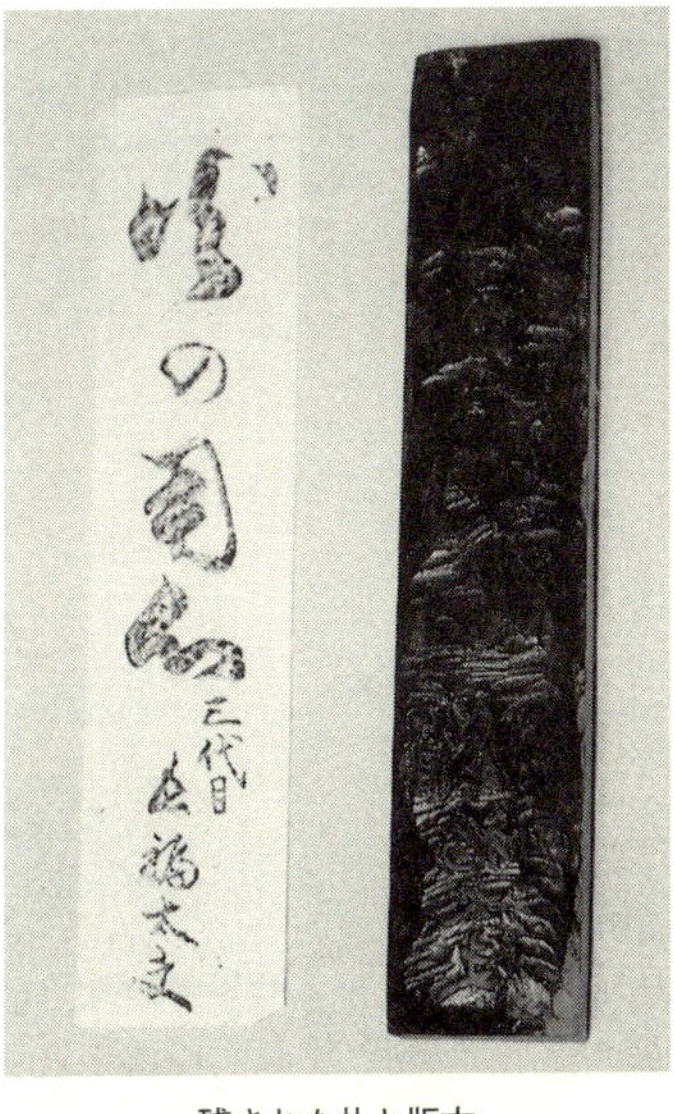

残された札と版木

オトシゴを二〇〇匹以上持っていたという。知多市にもかつては広く養蚕文化があり、もらった家では、氏神様の紙札と同等に大切に扱い、神棚等に飾ったという。地元が誇るべき立派な風習であった。

北川正己氏の元には、現在も「火の用心」の札はもちろん、版木も残っている。今は、もちろん檀家周りは行われない。檀家回りどころか、上羽太夫も蝶太夫も地元知多にもう存在しない。影も形もない。実家があった辺りを尋ねてみても、「そんな話を聞いたことはありますが…」。年配の方に伺っても、「隣のおじいさんのことかな、わかりません」という具合である。両太夫とも、跡継ぎがなく絶えたのである。

昭和三六年に四代目長福太夫北川正一が急逝したときは、他の万歳衆から「北川社中はおしまいだな」、と言われた。跡取りである北川正己が万歳を避けていて、父親の芸をほとんど身につけていないことを知っていたからである。その後の五代目長福太夫の努力については、述べた通り。逆に今は、他の社中が絶えている。

昭和三二年、尾張万歳（当時は知多万歳）が県から重要無形民俗文化財の指定を受けるときには、「本家争い」もあった。「あそこの社中が中心のような指定には、我慢できん」などとい

かつての万歳名人たち
前列右・上羽太夫　山本源治氏（昭和中頃）

う会話も飛び交ったという。指定審査は緊張感漂うものだったと伝わっている。

平成八年に国から指定を受けるときも、若干軋轢《あつれき》があった。それも今は昔話となる。張り合おうにも、ライバルが存在しない。北川社中の一一人が、まさしく最後の砦だ。

考えたくないが、長福太夫の名前が、あるいは尾張万歳保存会そのものが、今後他の社中と同じ運命となってしまう可能性もある。万歳という文化を守り、次の世代に伝えなければならない。喫緊《きっきん》の課題である。

本書に幾度となく出てきたが、消えゆくのは尾張万歳の周辺だけではない。北川正己自身の回想でこんなことがあった。正己が万歳の基本を確立した、昭和五〇年代初めのこと。正月の雑踏が終わり、少し余裕のできた一月下旬、夫婦揃って豊川稲荷へ参拝に出かけた。その門前で、三河万歳の二人組に出会う。色あせた衣装を着けた太夫と才蔵が、稲荷神社周辺を門付していた。

姿に気づいた正己は、近くの土産物屋でインスタントカメラを買い込み、二人を追いかける。妻の美智子を置き去りにして、走って追いついた。前に回り、「写真を撮らせてほしい」と頼む。

「あんた、万歳好きかね」

「はい、興味があっていろいろ調べているんですよ」

正己は、西尾から来たという二人組の三河万歳を、カメラにしっかりと収めた。演技が一段落してから二人が正己に聞いてきた。

「どこからきたの?」

「知多市の八幡です」

「そんなら、尾張万歳の若手で北川幸太郎さんという名人がおるでしょう。そこにも行ったらいいだら」

自分の名前が出たことに驚いたが、今更「自分がその北川幸太郎です」とは言いにくい。そのままお礼を述べてその場を去った。

一年半後、知多市制一〇周年を記念した「万歳共演会」で、北川はこの二人組に再会した。

「あんたどっかで会ったね」

「実は豊川稲荷で万歳見せてもらった者ですよ」

話を聞いて、当の三河万歳衆はしっかりと思い出した。

「人が悪いね。あんたが北川さんかね」

苦笑いしながら、話は弾んだ。

それから三〇年たった。本書で二度触れたが、三河万歳の、西尾森下万歳は後継者が絶えた。伝統四万歳は小学校の課外活動としてだけ、わずかに残っている。知多から習った御殿万歳はときどき演じられているが、成人で森下万歳をすることができる人はいない。

名古屋に、嵐伊六という万歳師がいたと前に書いた。下ネタに走り、尾張万歳全体からは「異端児」扱いされたが、自身の芸風を確立し上方漫才に影響を与えたことも触れた。

その伊六万歳が、愛知県津島市で継承されていた。市の指定を受け、保存会も平成一〇年頃までは健在だった。今は消滅している。後継者が皆無となってから、行政も保存の大切さに気がついたものの、はっきり遅い。「ただの芸能ではないか」という軽い考えでいたつけが回ってきた。

　現在、残された記録を元に、プロの演劇集団に頼んで復活作業を始めている。しかし、彼らは万歳師ではない。

「他山の石」という言葉がある。国指定重要無形民俗文化財である尾張万歳に、同じ道を歩ませては絶対にいけない。だれもがそう思っている。だが、具体的にはどうすればよいのか。北川正己を筆頭に、周辺のすべてが痛切に危機感を持っている。名案はない。

稽古に励む青年北川正己（昭和 30 年頃）

正月万歳奉納

平成 22 年正月の子ども万歳奉納

地元知多市での三曲万歳上演の反響は大きかった。「すごい」、「感心した」という声は、実際に勤労文化会館へ足を運んだ人たちの口から溢れ出た。

当日鑑賞できなかった人の耳にも、当然入る。

「そんなええもん、わしも見たいで、もういっぺんやってくれんかね」

「どえらい楽しかったそうだね。今度いつやるの？」

様々な声が、正己の元へ相次いだ。

さらに、実際に三曲万歳を見た市関係者からも、「あれ、今度の老人会でやってくれんか」とか、「地区の催しで、ゲストとして来てほしい」などとも言われた。中には市長へ直談判して、市長経由で北川正己のところへ来た依頼もあった。

だが、物理的に無理である。述べたように、豊橋にある貸衣装屋と事前に何度も交渉し、当日を迎えている。急に言われても、向こう側の都合もある。さらに、借りるにあたって、何がしかの大金が必要なことを、頼む方は知らなかった。いつもと同じで、ほんの少しのお礼を渡せばやってもらえるだろうと、簡単に考えていた。衣装代等、合わせて三〇万円近くの経費がかかるとは承知していなかった。

加えて、保存会の一一名、お軽役の山本ちひろも加えて一二名の者は、それぞれ本業を持っている。日程調整は案外難しい。

公演を断るについて、露骨に不服そうな表情を見せる人もいた。

しかし、「できません」ばかりではいけない。せっかく復活した文化である。遠くない将来に、また地元で演じてみたい。衣装や鬘もそれに向けて、徐々に揃えたいきたい。正己はそう念じていた。

そんな中にも、万歳の依頼は後を絶たなかった。敬老の日前後にはアイドル並みの日程が組まれ、市内各地を巡る。もちろん演じるのは例のパターンだ。始めに門付、そして御殿万歳。最後に三味線・鼓・胡弓を使った、謎掛け・〇〇づくしの音曲万歳の三演目だ。「時間がないので、御殿万歳だけでいいですよ」と言われれば、簡単に済ませる。人のいい正己は、カラオケや婦人会の民踊などと同等に出演する。着替えるのも同室である。国指定の重要無形民俗文化財が、素人芸と同等に扱われる。

本業ももちろんある。秋は祭りの季節だ。地元八幡でも、あちこちで祭り行事が行われる。魚屋のもう一つの大きな仕事である、「仕出し弁当作り」を頼まれることも多い。朝仕入れた新鮮な海の幸をさばき、ご飯を詰め惣菜を添える。頼まれた数だけ、ていねいに心を込めて弁当を作る。昼前に、指定の場所まで届けて一段落である。

地区の運動会などでも、いくつかの隣組から、重なって頼まれることもある。目が回る忙しさだが、「ありがとう」というお礼の言葉が、商売人にとって心地よい。

副業の万歳の話に戻れば、一〇月には知多市の「産業祭り」という行事にも出演する。吹きさらしのにわか舞台で演じる。通りがかりの人が多く、正面に座って見学している人

八幡神社本殿

の割合は思ったより少ない。それでも頼まれれば出かける。拍手を浴びる。

知多半島の他市町から依頼されることもある。地元ケーブルテレビにも、たびたび出演する。日程と体調が許せば断ることはない。お礼は交通費が出ればいいほうで、当日の昼食だけで出演することもある。相変わらず偉ぶったところはまったくない。みんなが喜んでくれればいい。いつも同じことを考えていた。

やがて年が暮れる。

元旦。

知多市の北部にある八幡《はちまん》神社。この地域では、もっとも格式高い神社である。地元では親しみを込めて「はちまんさん」と呼ぶ。八幡《やわた》地区は、伊勢湾沿いの寺本から南東へ、東海市との市境に沿って伸びている。八幡八社という神社が地区内に点在し、その総元として君臨するのが八幡神社だ。

境内も広く、除夜の鐘が鳴るとともに参拝客が引きも切らない。初日の出が拝めるようになってからも、厄年や還暦など団体対象のご祈祷《きとう》が続く。そんな中、一〇時半と午後二時からの二回、尾張万歳の実演が行われる。平成二三年が八回目を迎える。

この催しは、地域のお年寄りの一言による。一〇年近く前、北川正己はこんな言葉を聞いた。

「わしも、一度万歳というものが見たいのだけども、どこで見れるんだね」

はっとした。文化を守る。万歳の火を消してはならないなどと思っていたが、地元の住民が尾張万歳そのものを見たことがないという。生まれたときからこの地域に住む「地《じ》の人」は、万歳になじみある人がほとんどである。しかしいわゆる「入り人」は、長年知多市に住んでいても、万歳という文化に触れたことがない。

これではいけない。

以前から、同じ知多市の佐布里《そうり》地区にある「梅の館《やかた》」という場所で、二月に行われる「梅祭り」に協賛して、万歳を演じてはいた。元号が平成になってからやっているので、二〇回以上の歴史を持っている。しかし、佐布里まで歩いていくには、数十分かかる。

「そこまで行きゃあ」と言いかけて言葉を止めた。寺本地区の年配者が行くには、足がない。遠すぎる。やはり地元で演じなければ…。

さっそく地元区長や八幡神社側に話を持ちかけた。即座に了承してもらった。せっかくなら、人の集まる正月がいい。もともと万歳は縁起物であり、元旦にやるべきものである。

場所は、境内の真ん中。しかし、問題が出た。区側に、万歳出演料を払う金がない。

「そんなこと、やらしてもらえるなら、駄賃《だちん》などいりません」

誰でものんびりしたい正月である。北川正己とて同じ。しかし、やる。神社への御奉納が半分、みんなに触れてもらいたいが半分。端《はな》から出演料など期待していない。

初めの三年は、午前の部が済むと、食事を摂りに家まで帰っていた。いくらなんでも気の毒と、その後は地域代表が昼飯だけ用意してくれた。まさしくご奉仕。しかし、みんなにこの文化を見てもらいたい。今この瞬間に、万歳を一人でも多くの方の記憶に留めておきたい。尾張万歳保存会の誰にも、同じ思いがあった。

さて平成二三年。

大晦日前から荒天が続き、室内開催へ変更の決定をした。

これまでは境内にこしらえられた簡易舞台で行っていた。それを敷地内西側にある参集《さんしゅう》殿《でん》へと変更する。八回目にして、初めてのことだ。

会場へ行って中を見回した。約八〇畳ある広間は、いかにもだだっ広い。「そんなに集まるのだろうか」という素朴な不安がよぎった。ところが、開演一五分前には、畳の上には、人が隙間ないほど並んだ。

木枯らしの吹き荒れる寒い元旦だった。室内、磨りガラス越しに差し込む日の光は暖かい。膝を寄せ合って座り込み、のんびりと開演を待つ。

前述したように、この公演は午前・午後の部に分けて行われる。午前の部には、ここ数年、習い始めの小学生世代を登場させている。今年もテレビ取材が入り、それぞれに緊張

小学生の御殿万歳公演

の色は隠せない。しかし、子ども万歳は必死さが取り柄だ。芸は未熟だが、跳んだりはねたりの万歳を見るだけで癒される思いがする。「おひねり」が雪のように飛ぶ。

対して午後の部は、保存会会員のみの出演である。

開演前。今回は脇役に徹した北川正己が、大部屋の端に歩み出る。

「場所を急に変えましたが、たくさんお集まりいただきましてありがとうございます」

優しい語り口に、会場の雰囲気が緩《ゆる》む。続いて北川にうながされ、この会の主催者でもある内山八幡区長があいさつ。なかで、尾張万歳の歴史にも触れる。

「今お話ししてもらったように、万歳は農家の出稼ぎでした」

北川が、補足する形で尾張万歳の歴史を述べる。

「一月《ひとつき》働くと一家が四カ月暮らしていけました」というくだりでは、会場から静かなどよめきも漏れる。

さて開演。初めは門付万歳だ。仕切りのない畳の上での演技に、いつも以上に親近感が湧く。新年を言祝ぐ万歳が続く。声の二重奏が大広間に流れる。耳に心地よいとは、こういうことをいうのだろう。

説明する北川正己

門付万歳奉納

門付万歳は短い。何度も触れたが、全部行って五分である。流暢な節が流れる。最前列に陣取ったカメラマンが、絶え間なくシャッターを切る。不思議にその音と台詞がマッチして聞こえる。終えると、部屋いっぱいに歓声と拍手が起きる。

　再び北川の説明があり、御殿万歳に代わる。中央の太夫は竹内力《ちから》。北川が演じないときは、彼が太夫を行うことがほとんどだ。両側に才蔵が二名ずつ、計四人。つまり舞台には全員で五人。めでたい出し物で新年を祝う。

「エヘオホ、エヘオホ」

　笑い声を模した掛け声が響く。ときどき両側の二人が場所を入れ替えながら、互いに七福神を演じる。古典芸能独特の形式美を感じる。佳境に入る。

　御殿万歳が済むと、今度は楽器を持っての音曲万歳である。二年前の秋に、京都芸術座でやったあの組み合わせだ。当然だが、歌舞伎仕立ての劇はない。鼓と胡弓、三味線を持った三人の音曲のみ。衣装は、和服の着流しである。

北川が紹介する。

「次なる出し物は三曲万歳。鼓と三味線、胡弓の三つで三曲です。これは、上方芸能の歌謡漫才のもととなったものです。横山ホットブラザーズとか何とかが、これを真似て漫才（万歳）をしました」

御殿万歳を演じる

「何とか」とは、歌謡漫才の誰かを言おうと思ったのだろうか。名前は出てこないが、聞いていて違和感はまったくない。観客も素直に聞き流す。

出し物での下ネタを意識したのか、北川が普段と違う説明を入れる。

「今日は正月ですので、子どもには聞かせられないことも出てきますが、まあ、今日びの週刊誌よりはまともので、かんべんして聞いてちょーだい」

意味をくみ取ったのか、会場に軽い笑い声が流れる。

始まる。

まずは三つの楽器を使って音曲、三人の歌声が響く。

ひとしきり奏でた後、掛け合いに入る。初めの出し物は謎掛けだ。
この謎解きには一つ特徴がある。普通は、一人が「○○と掛けて何と解く」と出題する。応えて相方が「○○と解く」。戻って「その心は……」、続けて相方が答える。これが一般のパターンだ。ここでは順番が違う。言った方が、口火を切った相手方に「あなたに返しましょう」と言い、それを受けて初めの者がそのまま解く。わかりにくいと思うので、実際の台詞を綴ってみよう。三人を、A、B、Cとする。
A「私もできました」
B「おう、できましたか。何ですか」
A「お客さんが、今持ってみえるティッシュと掛けましょう」
C「そらまた、難しいものを出しましたな。あんたにあげましょう」
A「そんならもらいましょう。ティッシュと掛けて恵比寿《えびす》・大黒《だいこく》・寿老人《じゅろうじん》、と解く」
B「ティッシュと掛けて、恵比寿・大黒・寿老人と解く。解いた心は」
A「解いた心といえば、どちらも福（拭く）の神（紙）ではないかいな」
合わせて囃子言葉、そして三人の音曲が始まる。言うように、上方の歌謡漫才と同じ流れである。
ネタが一つ終わるたびに、歓声と拍手。室内で声が届きやすいのか、いつにも増して客の反応がよい。ふり返れば、見学者はさらに増えている。その数、ざっと一二〇人。後ろの入り口では、入場できない人垣が、背伸びしながら演技を眺めている。やがておひねりが飛んだ。三人が笑顔で応える。田舎芸能のよさがにじみ出ている。続けて「〇〇づくし」に移る。魚づくしなどでは、下ネタも頻繁に交じる。駄洒落から下世話物まで、まさしく「喜んでもらえればそれでよい」の世界だ。この時も、遠慮がちな笑いと拍手が広がる。

楽しい音曲万歳

　音曲はさらに続く。軽快な動きに、着流しの裾が揺れる。万歳師の笑顔が見ている人すべてを和ませる。

　出し物が終わった。拍手。いかにも「完結」という感じで、述べ四〇分の万歳公演は終了した。北川正己が脇から出てきて明るく語る。

「これで今年の尾張万歳奉納は終わります。ありがとうございました。来年、もし自分が生きていたらまたやりますのでお楽しみに」

　ひときわ大きな拍手。外の強風とは無縁の、暖かい正月の陽が差し込む。日差しを受けた北川正己の顔は、つややかに光り輝いている。終了宣言と同時に、堰を切ったように見物人が歩み寄る。写真を撮ったり、求められた人と握手する。笑顔で応対。その様は、神々《こうごう》しささえ感じる。まさしく恵比寿顔、民俗芸能の権化だ。

この分なら、どうやら『最後の万歳師』のこの涼やかな声を、まだまだ当分聞くことができそうである。

参考文献

『三つの芸能で楽しむ〈お軽・勘平〉パンフレット』　田口章子監修　京都造形芸術大学舞台芸術研究センター編
『知多市誌　資料編3』　知多市役所編
『近世出稼ぎの郷』　知多市教育委員会編
『尾張万歳　たずねたずねて』　岡田弘著　名古屋市文化財叢書
『祝福芸の系譜・万歳と春駒』　文部省（当時）編
『万歳から漫才へ』　岡田弘著　白水社
『日本の放浪芸』　小沢昭一著　岩波現代文庫
『ものがたり―芸能と社会―』　小沢昭一著　白水社
『私のための芸能野史』　小沢昭一著　筑摩書房
『ことほぐ―万歳の世界―』　南弘・永井啓夫・小沢昭一共著　白水社
『八幡の語り草』「八幡の語り草」編集委員会
『笑い学講座―万歳―』　帝京平成大学教授竹本浩三編
『上方漫才　始まりへの旅』　樽本安友著　『読売新聞』大阪版コラム

月東和雄
昭和22年生まれ　ガソリンスタンド勤務

北川幸一
昭和20年生まれ(正己の従兄弟)
元サラリーマン

平林治一
昭和16年生まれ　元サラリーマン
定年退職後尾張万歳に加わる
春日井市在住

高橋勇雄
平成元年生まれ　大学生

高橋重雄
平成元年生まれ（勇雄と双子）
大学生

藤本知優
平成元年生まれ　大学生

山本ちひろ
22年知多市三曲万歳で『お軽』を演じる　学童保育指導員
名古屋市名東区在住

風媒社の本

日川好平
海の城
●佐治与九郎水軍記
定価（1600円＋税）

信長暗殺後の激しい天下争奪戦のなか、優勢の秀吉軍に敢然と立ち向かった大野水軍・佐治与九郎。浅井三姉妹・お江との悲恋、九鬼水軍との死闘…。知られざる戦国武将の活躍を描いた戦国絵巻。

野原敏雄
天武の夢はるか
●尾・参・濃・信の古代史誌
定価（1600円＋税）

謎多き「信濃遷都」計画にこめられた壮大な野望とは。古代史の中心舞台となった尾張・三河・美濃・信州。「記・紀」を検証し、地誌·伝承を訪ねて、“歴史地誌”的アプローチからひもといた東海の古代史謎解きの旅。

大野　出
老子の毒　荘子の非常識
定価（1500円＋税）

痛快！　新鮮！でも、ちょっとへりくつ？カビくささの残るこれまでの老荘思想の見方をガラリと変える、目からウロコの新発想！　中日新聞「ひもとく」欄好評連載を大幅加筆・再編集して一冊に！

林　董一
将軍の座
●徳川御三家の政治力学
定価（1600円＋税）

徳川御三家、骨肉の政権争奪劇の内幕は。尾張・水戸・紀州の徳川御三家。その誕生から消滅までのドラマを描いた名著に、大幅加筆した、新版。「徳川時代をその手でつかみ、その手で運んでくれた鮮度のよい本」（城山三郎、解説より）

小松史生子
乱歩と名古屋
●地方都市モダニズムと探偵小説原風景
定価（1200円＋税）

乱歩が多感な少年時代を長く過ごした名古屋。明治末期の、保守／革新が入り混じった地方都市モダニズム文化の洗礼が、乱歩の感性に何を刻印したのか？　乱歩周辺のミステリ文壇との動向を交えながら論じる。

日本近代文学会東海支部
〈東海〉を読む
●近代空間と文学
定価（3800円＋税）

坪内逍遙から堀田あけみまで、東海地方ゆかりの作家や、この地方を舞台にした小説作品を俎上にのせ、そこに生成した文学空間を読み解く。日本文学・文化研究の次代＝時代を切り開く論集。

[著者略歴]
日川好平（ひかわ・こうへい）
1951年名古屋市生まれ。大学卒業後、愛知県内中学校で社会科教師、校長を務める。仕事のかたわら、郷土史家と交流しつつ地域の歴史を研究する。
[主な著書]
『海の城—佐治与九郎水軍記』（風媒社）

装幀／三矢千穂

最後の万歳師 —尾張万歳家元 五代目長福太夫　北川幸太郎

2011年3月30日　第1刷発行　　（定価はカバーに表示してあります）

著　者　　日川　好平
発行者　　山口　章

発行所　名古屋市中区上前津 2-9-14　久野ビル
振替 00880-5-5616 電話 052-331-0008　風媒社
http://www.fubaisha.com/

乱丁・落丁本はお取り替えいたします。　＊印刷・製本／モリモト印刷
ISBN978-4-8331-0551-4

取材協力・資料提供　尾張万歳保存会

〈保存会会員〉

北川幸太郎（正己）
保存会会長　昭和８年生まれ
魚屋経営

花井 勝巳
保存会副会長　昭和14年生まれ
現在病気療養中

鰐部　敬
昭和 18 年生まれ　自営業

大橋　力
昭和 17 年生まれ　左官業

北川勝久
昭和 19 年生まれ（正己の弟）
元サラリーマン

竹内　力
昭和 23 年生まれ　元サラリーマン